薬師如来像が語る
飛鳥女帝王朝
聖徳太子と斑鳩宮の悲劇

津田慎一
TSUDA Shinichi

邊大宮治天下天皇大御身勞賜時歳
次丙午年召於大王天皇馬太子而誓願賜我大
御病太平欲坐故将造寺薬師像作仕奉詔然
當時崩賜造不堪者小治田大宮治天下大王天
皇及東宮聖王大命受賜而歳次丁卯年仕奉

文芸社

日本という国家が成り立ち、政治システムを確立し始め、国内に文字記録が残る飛鳥時代。

法隆寺金堂に残された出色の古代史史料、金堂仏像造像記を読み解き、聖徳太子という英傑が躍動し、悲劇に終わった当時を正確に再現する――。

これに挑んだのが本書である。

二〇二一年四月　奈良にて

津田慎一

薬師如来像が語る飛鳥女帝王朝　◇　目次

年表

五七四　《聖徳》太子誕生
五八五　聖徳太子上之宮《うえのみや》（他の呼び名あり）に住まう
敏達天皇没（病死）
五八六　鵤大寺建立と薬師如来像造像の発願（薬師如来像光背銘文による）
用明天皇（聖徳太子の父）即位（聖徳太子伝暦《でんりゃく》による。日本書紀は五八五年）
五八七　丁未《ていび》の乱（物部守屋死亡・聖徳太子は蘇我派として参戦？）
蘇我馬子法興寺建立を発願
五九二　推古天皇即位
五九三　聖徳太子摂政となる
四天王寺建立（日本最初の官寺）
五九五　高句麗僧慧慈《えじ》渡来（後、聖徳太子仏教を学ぶ）
百済僧慧聰《えそう》渡来
（また儒教も学ぶなど東洋思想の体系を習得）

五九六　聖徳太子道後温泉に遊ぶ
六〇〇　第一次遣隋使派遣（隋書「倭国伝」による）
六〇一　斑鳩宮造営
六〇三　冠位十二階（大徳・小徳・大仁・小仁他）を定む
六〇四　聖徳太子十七条憲法を作る
六〇五　太子斑鳩宮に遷居
六〇六　推古天皇に聖徳太子が『勝鬘経《しょうまんぎょう》』『法華経』を講説（岡本宮・現法起寺辺り）
六〇七　薬師如来像造立（現・法隆寺金堂にあり）
　　　　鵤大寺（斑鳩寺とも。〈中国名〉法隆寺）建立
　　　　隋に遣隋使（小野妹子）を遣わす
六〇八　推古天皇に聖徳太子が『勝鬘経』を講ず（岡本宮）（日本書紀は六〇六年）
六〇九　法興寺（飛鳥寺）釈迦三尊像造立（元興寺縁起による。日本書紀は六〇六年）
六二二　聖徳太子死去
六二三　釈迦三尊像完成
六四三　（蘇我入鹿の兵により）斑鳩宮焼き払われる

山背大兄王死去し上宮家滅亡
六四五　乙巳《いっし》の変
六六九　藤原鎌足死去
六七〇　法隆寺炎上（日本書紀）
六七九　法隆寺再建
六九四　新益《しんやく》（藤原）京に遷都
七二〇　『日本書紀』完成
藤原不比等死去

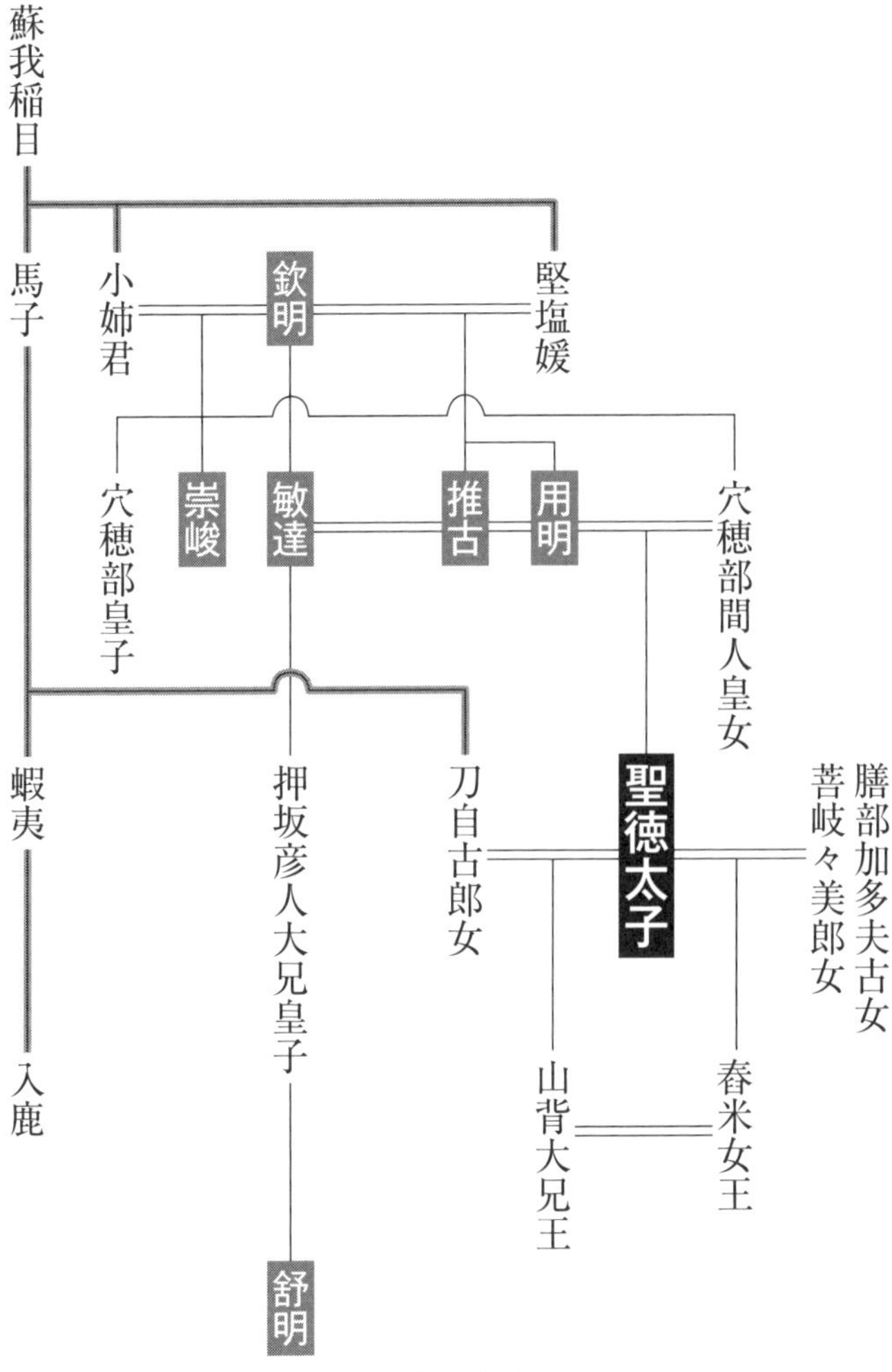
蘇我稲目
馬子
小姉君
欽明
堅塩媛
穴穂部皇子
崇峻
敏達
推古
用明
穴穂部間人皇女
蝦夷
押坂彦人大兄皇子
刀自古郎女
聖徳太子
膳部加多夫古女
菩岐々美郎女
入鹿
山背大兄王
舂米女王
舒明

聖徳太子略系図

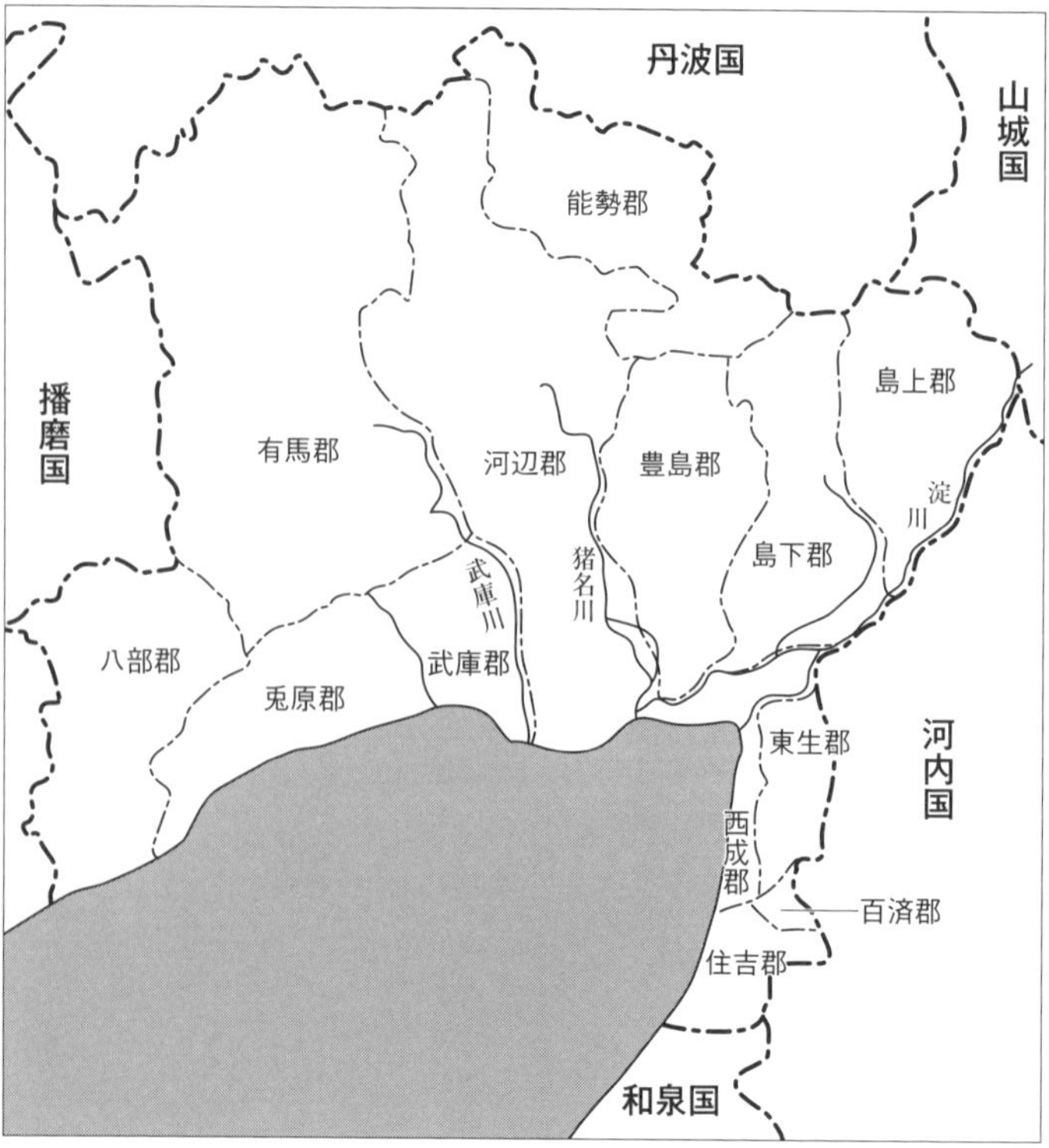
丹波国
山城国
能勢郡
播磨国
有馬郡
河辺郡
豊島郡
島上郡
淀川
島下郡
武庫川
猪名川
八部郡
武庫郡
菟原郡
東生郡
河内国
西成郡
百済郡
住吉郡
和泉国

摂津国略図

1　はじめに

本年は、《聖徳》太子没後一四〇〇年に当たり、国内でも多くの行事や展示会が予定されている。

聖徳太子については法隆寺をはじめ多くの史料が残されており、これらからは飛鳥時代についても当時の状況を知り得ることができる。一方、謎やミステリーとされている部分も多い。

本書は、史料や現代の資料に基づいて聖徳太子とその時代の歴史を再検証して史実を明らかにしようと試みるものである。

結論から言えば、これまでの誤った見方や固定観念を捨てなければならないこと。それにより、これまで発見されなかった新しい史実が眼前に広がったのである。これは筆者らの専門的知識や経験によるものというより、基本的な、常識的な考えに基づいただけであった。是非、広いご批判を期待したい。

さて、一つの史料評価が後の歴史研究に大きな影響を与え、不幸なことに、その誤った評価を前提とした研究の積み上げが長年に亘って行われてしまう危険について、まず指摘せねばならない。

本書の取り上げた歴史主題については、そのような典型的な例ではないかと筆者は考えている。具体的に述べれば、本書の主題に密接に関連する仏像の光背に刻まれた銘文（造像記、金石文《きんせきぶん》ともいう）の解釈の問題である。この仏像というのは、法隆寺金堂に祀られた金銅仏・薬師如来坐像のことである。

この銘文について、一九三〇年代に、福山敏男氏が論文「法隆寺の金石文に関する二、三の問題」（『夢殿』一三号）で、銘文中にある薬師如来像の造像・刻字の年代（六〇七年）を否定している。詳細は本書で詳しく述べるが、この論文及びそれを支持する人達が否定の根拠とする事項は、その後、明らかな誤りと判定できるものである（主観的評価部分の議論はここでは対象としない）。「天皇という称号」及び「薬師信仰の存在」が主要な事項であるが、これを補強する主張として「釈迦三尊像と薬師如来像の作風」がある。本書の主張は本文の中で読んで頂くが、筆者が奇異に思うのは、福山氏の論文以降、八〇年以上も一度として、福山論文についての異論、それどころか氏の説が定説として国内で定着しているかの感があることである。何やら日本の歴史研究の世界が象徴されているような経過である。

日本の社会では一度決まったこと、定着してしまったことが見直されることがほぼないというのが特徴でもある。

幸い、筆者は歴史についてほとんど専門的知識がないまま（逆に白紙状態からの出発が良かったのか）、三年ほど前から興味を覚え、戦国時代から出発して飛鳥時代へと時間を遡る形で、疑問に思うことを中心に調べてきた。その中で自身で調べ、推理・検証した内容を三冊の歴史書として世に問うてきたが、いずれも定説のように流布されているものは意外と史実と異なり、正確な歴史とは言えないという現実がある。また近年広く議論がなされ、見直されるという本来の歴史学界の営みがなさそうなことである。

歴史に興味を持たれる方も多くいらっしゃる。疑問を持たれた時には是非、専門家であるかどうかや経歴などにかかわらず、互いに議論できる場ができていくことを期待したい。

実は、先に述べた《光背銘文》を文字通り解釈すると、これまでの《定説》とは異なり、

◎薬師如来像が敏達天皇のために造像されたということが判明し、長期に亘り流布されてきた用明天皇のためという《定説》が成り立っていない、ということである。

さらに、

◎《聖徳》太子は、幼少期に「馬太子」と呼ばれていた

◎飛鳥期の女帝の位置づけ（特に、皇太后について）

◎大王の存在

など、これまで明らかでなかった新しい史実が判明し、これまでの「日本古代史飛鳥時代の歴史評価の見直し」を迫るものなのである。詳しくは本文をご覧頂くとして、重要なことは、多くの人が各自の主張を自由に述べることができること。それらが必ずや多くの人達によって検証されなければ、それを論拠として見解を述べるのはまさに《砂上の楼

閣》に過ぎず、研究者として基本に従わない、盲従であるとされても仕方はない。

　ここで類似の例を挙げると、詳細は別の場に譲るが、よく知られた国宝の（志賀ノ島）金印「漢委奴国王」の読みについても全く同じである。《委》の意味……ゆだねる……と理解すれば、漢（印では、この字は大きく、漢の権威を示している）が奴国王（いくつもの書にあるように、当時、志賀ノ島がある九州北部地域にあり、奴国への入り口であると比定されている）に委《ゆだ》ねたものと容易に理解できる。《委》を《倭》と読む必要などさらさらない。これも一八九二年（明治二五年）に三宅米吉氏により提唱され、現代に至るまで日本史教育で繰り返し教えられ唱和され続けている。

　結果的に誤った主張であることが後日判明することは、研究者には十分にあり得ることであり、なんら恥じることではない。むしろこれを正しく評価・検証するのも後代研究家の使命である。

　もう一点、歴史とは多くの人間が営んできた積み重ねでもあり、人間として考え、行動するのは《古代》でも《現代》でもそれほど大きくは変わっていないだろう……という観点も大切である。古代だからといって、不合理な考え方が支配していたであろう……とすることに筆者は与しない。常識的な考えでは到底理解できないというプロセスがあった場合に、初めてそうした点を考慮すべきである。よく見かける《超自然的》なものと解する場合もあるが、古代でもあまり不合理なことに努力や財を費やすことはなかったのではなかろうか。

歴史界は謎やミステリーが多く語られる場であるが、あまり健全なモノばかりとも思えない。

浅学の筆者が持てる武器は、むしろ《常識》という思考の枠組みであるし、これは意外、というよりも当然かもしれないが、有力な謎解きの道具でもある。奇を衒う必要のない場合がほとんどである。

本書では、一九三〇年代にその制作年代が否定され、後代にこれを見直すことなく歴史研究の対象外とされてきた、「法隆寺金堂・薬師如来像光背銘文」が銘文記述内容と薬師像制作年代にはなんら矛盾はなく、これによって従来にない歴史の読み解きができることを述べる。

また飛鳥時代初期における実質的な支配者であった蘇我氏と天皇、さらには蘇我氏と《聖徳》太子と上宮一家の関係が明らかになる。

また重要なのは君臨していた皇太后という存在である。
蘇我氏が《聖徳》太子亡き後、斑鳩宮と上宮一家を襲い、鵤《いかるが》大寺（現・法隆寺の前身で若草伽藍の発掘でも出現した）に祀られていたとされる薬師如来像及び釈迦三尊像がある変遷を経て現・法隆寺に至り祀られるまでの新たな歴史推理を展開する。まさにこの像達こそ歴史の《生き証人》だったのである。

但し、薬師如来像光背銘文を記した銘版自体の制作年代については注意を要する。
これについては、奈良国立文化財研究所（現・奈良文化財研究所）が『飛鳥・白鳳の在銘金銅仏』を刊行し、その中で、「薬師如来像は金銅製であるが、その金鍍金《きんめっき》が刻字の内に及んでいないことから、鋳造と刻字は同時ではなく、鍍金後の刻字であることが判別される」としていることである。

もちろん、刻字自体が薬師像の造像時期と異なるとすれば、その刻字内容については注意深い検討が必要になるのは言うまでもない。この点についても後述するが、刻字の内容が不自然に作為的に作られたとする根拠は今のところなく、むしろ造像と鵤大寺の完成時期が一致していることからも、銘文の内容の信憑性が裏付けられる。さらにこの点について、法隆寺宮大工で三代に亘り修理に臨まれた西岡常一氏らの著作（『法隆寺　世界最古の木造建築』草思社）に興味ある記述があるが、これについても後に述べる。

この刻字時期と造像時期との相違は、先に述べた蘇我氏の斑鳩宮襲撃によって生じたもので、釈迦三尊像についても当時の襲撃時の生々しい記憶が刻まれている可能性があることも併せて述べる。

法隆寺近くの法輪寺から、これらの像が現・法隆寺の建立に併せて移されたことも像達の数奇な運命を物語っている。


さて、この薬師如来像光背銘文の信憑性が高いとすると、銘文の内容によって得られる歴史的な理解は従来の定説を大きく超えるもので歴史的な発見でもある。

第一点は、これまで日本最古の仏像（制作年が判明している）は、飛鳥大仏（釈迦如来像）とされてきたが、

◎薬師如来像（法隆寺金堂）が日本最古の仏像

である可能性がある。

さらに、このことは日本の歴史研究における根本的な問題を露呈させるものでもある。

例えば飛鳥初期、《聖徳》太子が十歳の頃、最近では「厩戸皇子」の名が広く使われるようになったが、実は、

◎馬太子と呼ばれていた

事実がある（皇太后がこう呼んでいる）。

さらに、巷間言われている、薬師如来像は、

◎用明天皇の病気平癒を願ったものではない

という事実である（先に述べた刻字時期から銘文が後代の制作だとしても、何故上記の内容などを意図的に作る必要があったのか、当時、それを必要とした歴史的必然性が感じられる内容でもない）。実は、

◎敏達天皇への労りと病気平癒を願ったもの

であった。

この銘文から読み解けるのは、当時の政治情勢・体制や蘇我氏の思惑である。筆者の推

理では、基本的な政治体制の基本は《女帝》王朝、これは邪馬台国・卑弥呼・台（壱）与の体制枠組みの継承であると考えれば納得される（さらに、畿内の天皇陵墓の分布についても興味あるものであるが、これについては今後別著にて取り組みたい）。

また、敏達天皇の時代の蘇我氏と物部氏の争いも頂点に近づく頃であった（後述）。（男性）天皇は、この飛鳥初期には《象徴天皇》であったとも推測される。この辺りは、まず、女帝時代が長いこと（推古天皇は在位三六年）や光背銘文の内容からも比較的容易に想像されるし、この頃、男性天皇の暗殺や不審死が多かったことからみても頷ける。なお、用明天皇は即位後二年で死去したとされている。大嘗祭で倒れ数日後に死去しており、病気平癒のため薬師如来像造像を発願されたとするのは無理がある。

一方、敏達天皇は在位期間、蘇我氏と物部氏の間の仏教を巡る（物部氏が廃仏派であったという意味ではないことに注意）争いの渦中にいたわけで、心労が絶えなかったことも容易に想像できる。

この二人の天皇を取り巻く状況を加味しても《用明天皇説》には明らかに無理があろう。

法隆寺を巡っては、読者の皆さんよくご存知の歴史的論争、《法隆寺再建論争》や呼称《厩皇子》の是非など古くて新しい話題も多い。

これら詳細については本文中で詳しく述べる。

なお、薬師如来像光背銘文に記された年号と制作年を一致させても、前の年表に示すように矛盾なく当時の歴史の流れが示されることを付記する。

以下、具体的な背景を少し詳細に述べる。

薬師如来像光背銘文に記載された年号を否定した福山敏男氏による主張は根拠が薄く、その後、福山説を補強した上原氏による仏像造形上からの説も一面的な議論であり、本来、薬師如来像の持つ宗教的な精神性を考慮せず論じたもので、信仰という姿を一考すらしない論点は客観性に欠ける。

もちろん時代時代、研究者達が自説を展開するのは自由であるが、検証も加えず、自説を前提として議論を出発させ、それが長く生き残ってしまうような風土には疑問を呈したい。

すでに述べたように、福山説を排除すれば、日本史上新しい史実が見えてくる。

古代史を語る上で、個々人の想像力が重要であることは筆者も疑わない。ことに、データが豊富に得られていない状況で、歴史研究家が推測や想像力を逞しくして新たな説を創造し、これを広く発表していくことも歴史研究の過程では避けられないことである。

さらに、斑鳩宮が建設された地域には併せて寺院も建設されている。これらを含む斑鳩の地は、見事な幾何学的調和を見せる都市設計がされていたのである。本書では、現在は消えてしまっている寺院を史料や古地図から再現する。

聖徳太子と蘇我氏の確執が生んだ二体の仏像に纏わる「怨霊伝説」について、これまで不明とされてきた国宝《百済観音》の出自を発見した経緯とともに、史実に基づいて解説する。まさに当時の政権を巡る権力闘争と、男性天皇の置かれたであろう立場を陵墓の地理的な位置関係やその地との関わりから推理する。女帝を主体とした政権運営が彼女達の在位年数からも定量的に示されている。

これまでは、個別の事実の列挙や推測による歴史の語りに過ぎなかったが、時代が進み、より多くのデータが得られていくに従い、先人達の唱えた説を検証し、補強、もしくは正していくプロセスがあった。これは、まさに歴史研究が社会科学の学問分野であるがために、不可欠な道程であったし、そういう努力が必要であったろう。

筆者は三年前から、ふとした切っ掛けから全く専門外であった日本の歴史に足を踏み入れ、自分なりに史実の検証に興味を覚えて、遺された歴史遺産である古文書や古代建築、仏像、遺跡発掘成果、地元における伝承などを集めて分析・推理するという、筆者なりのパターンで歴史を読み解いてきた。これは特に、すでに述べられた歴史書や定説を否定するため、というよりは、史実がどうであったのかを筆者なりに求めてみたい、という興味からでもあった。

幸いなことに、現代ではインターネットという有力な手段を用い、自身の所在地が対象とする場所でなくともかなり質の高い情報が量的にも得ることができる。これらを基に自分なりにラフな史実へのイメージが出来上がってくると、次は、現地に赴いてまさに歴史の当事者達がいた空間に立ってみたくなる。自由の身となった現在、時間が許され、費用を大まかに設定すれば、どういう手段で現地にアクセスするかを決める。最も安価な方法を選択できれば費用的な面での悩みは解消されるが、その時点での許される範囲で実行する。

筆者の経験からすると、興味を持った地域や場所に赴いて気付くことや、そこで出会う人達から教わることは驚くほど多いのである。従ってこの現地ならではの探索プロセスは、筆者には楽しみであると同時に必須の過程となった。とにかく分からないことや気付いたことがあった時に、現地の教育委員会や地元の方達に尋ねてみると、本当に親切に、丁寧に教えて頂けるのである。当方はデータのみしか持ち得ていないわけで、そこは、とにかく自分の知りたいことや持っている情報、自分の理解したものを包み隠さず話しながら、先方の話に耳を傾ける。現地では、それまで持っていた疑問を解く情報が得られることが多いのだ。知らなかったことを知るということは実に楽しい。教えを請う相手には素直に感謝あるのみである。

本書では、過去における拙著二作（『武蔵戦国記　後北条と扇谷上杉の戦い　なぜ「ジンダイジ城」は捨てられたのか』『白鳳仏ミステリー　武蔵国分寺と渡来人　「ジンダイジ城」とは何だったのか？』）の時代からは遡って飛鳥時代、ことに日本においても記録が残されている飛鳥時代初期について調べたくなったのである。

これまでの《常識》という枠組みから一歩検討を深めれば、《謎》とか《ミステリー》として扱われた歴史の各コマを自然な流れとして捉えることができる。人間の営みや考え方は、時代を経てもそれほど大きく想定を超えたものにはならないだろう……。歴史研究を健全に進展させていくためにも、過去から現在へと検証を繰り返し、積み重ねを行っていくことが肝要である。

まあ、誰でも語れて誰でも推理でき、歴史を知ろうとすることはまさにジグゾー・パズルであり、各ピースは探せばきっとどこかから顔を出す……だろうと信じて歩く。必要な知識や情報は必要に応じて収集すればいいだけで、膨大な知識を持たなければ探求できない、というものではないと筆者は思う。逆に先入観や固定観念が作用することはまずないので、素直に情報を整理していくだけでいい。自分で考えていくことが最も重要で、誰かが何かを考えていた……などという情報はあまり関係ない。

いずれにせよ、興味ある現場に立って歴史に思いを馳せることは大きなロマンである。ここでいつ何時、何がどのようにして起こったのか、と関わった人物達のことを思い、想像を逞しくするのは、現代という時を瞬間的に離れて別世界へと誘ってくれる。現地に行ってみると、何やらその頃の世界に近づいた空気感が持てるのも楽しさの一つである。意外な出会いもあり、思わぬところでヒントを頂けることも多い。

少し視界を広げると、実に関連する史料が多いことに気付き、集まったものから推理を組み立てていく。仮説を立て、検証し……を繰り返す。まさにこれが思考プロセスそのものである。

最後に、古代の歴史を検証する際に避けて通れないのが、日本正史『日本書紀』や『続日本紀』であるが、これらを参照する際には記述を鵜呑みにせず、十分注意しなければならない……という事実である。さもなければ、史実自体が歪められてしまう危険性があるからである（『続日本紀』についてはすでに拙著『武蔵国分寺と渡来人』で指摘した《淳仁天皇》の件を見ても、多くの学者や研究者が無意識か、意識的かは不明であるが、この制作者の企図という《陥穽》に嵌っている）。

本書ではこれ以上述べないが、まさに日本書紀は最終的に藤原不比等という《体制側》の人物の総合企画で纏められたものである、と筆者は思う。でもこれは権力を取った者の当然の権利でもあろうから、そのことを弁えて読めばいいだけである。

本書に関連して例を挙げれば、書紀の中で《法隆寺が一屋余すことなく燃え尽きた……》とあるのは、実は藤原不比等が没した年に完成された書紀であり、多くの《証拠》があったはずの法隆寺は最早何も残さず消えた……と言わんばかりである。すべての証拠は燃え尽きた……不比等の企て（？）かもしれないが、勝者の歴史とはこのようなものであろう。実は蘇我氏が滅んだ乙巳の変において、翌日《甘樫の丘》で蘇我蝦夷が、馬子と聖徳太子が纏めたと言われる『国記』と『天皇記』を燃やしたとされているが、これらの記録はむしろ、蘇我氏の正当性や天皇家との繋がり、言い換えればその理非を示した書であったはずで、蘇我氏自身が燃やすというのは奇妙である。これら二書の炎上により、過去の《記録は一切なくなった》と言わんばかりである。法隆寺再建の記事も一言もない。

本書では飛鳥時代初期に造営された斑鳩の都市設計や、もう一つの大きなテーマである、

◎聖徳太子はどこで生まれ育ったか

◎聖徳太子と馬がどのように、どこで出会ったのか

これらは実は、当時の河内国がどうであったのかを見ることによって明確になったのである。


「聖徳太子の甲斐黒駒がなぜ……」――これに明確に答えられる。

河内磯長谷《しながだに》古墳群（王陵の谷）がどうしてそこにあるのかについてもお答えしたい。この古墳群には叡福寺があり太子御廟がある。しかし、この御廟に眠る太子の棺に使用されている材料は太子死亡時には日本に存在しないものだったという（丁度本稿執筆中の四月二八日にＮＨＫ総合テレビで放送）。材料の時代による違いを識別するには、少なくとも

数年の差はあったとも思われ、斑鳩の仏塚《ほとけづか》古墳に埋葬された後に叡福寺磯長《しなが》御廟に改めて埋葬されたことを裏付ける事実かもしれない。なぜなら棺だけを新しくし直す……という理由は見当たらないし、誰が行ったかも明確ではない。

また、当時の様子を伝えたものとして「聖徳太子絵伝」が残されているが、その描画のリアリティと、それが実に多くの三次元的メッセージを発信しているという事実もお伝えしたい。

以上、前置きが長くなったが、執筆の意図を理解して頂くためであったことをまずご理解頂きたい。これまで多くの学者や研究者が挑んできたテーマでもある。古代といえども実証するデータも結構あり、推理も可能であることを示させて頂いた。是非、本書によって新たな視点から古代の扉が開かれ、歴史のダイナミズムを感じ取って頂ければと思う。

今回も本書を執筆するまでには多くの方達のご支援、ご教示を頂いた。どのようなもの（伝承なども含めて）であっても、それらを無視せずに考慮した結果、本書執筆に至ったものである。

いつも通り、特に奈良についてご案内頂いたり、古代史・仏像について多くのご教示を頂いた、奈良ボランティアガイドの浜口氏には感謝致します。

また、陰に陽に筆者を励まして頂いた奈良市高畑町六本ご夫妻、新薬師寺中田御住職にはこの場を借りてお礼を述べたい。

また、情報提供や発掘現場や状況について教えて頂いた斑鳩町教育委員会平田氏、荒木氏にも感謝したい。


この稿を書いている最中、聖徳太子没後一四〇〇年の特別展が奈良国立博物館で開催され、筆者は初日に眼前で「薬師如来像」に対面できた……光背に刻まれた造像記はまさに語りかけるような美しい銘板であった。間違わずに読まなければ……。

なお、三一ページに示す聖徳太子肖像画（唐本御影《とうほんみえい》）で、向かって左が聖徳太子の弟《殖栗《えくり》》皇子とされているが、筆者には、この人物は、山背大兄王（向かって右）の誤りであろう……と思われるので指摘させて頂く。

まさに、執筆最後の段階で、ある書籍が一月ほど前に出版されていることに気付いた。それは本書の主要テーマである、《女性天皇》についてのもので、『女帝の古代王権史』（義江明子著／ちくま新書）である。これについては、《おわりに》のところで若干述べておく。

「聖徳太子」という呼称は諱《いみな》（死後の送り名）であるが、誤解もないと思われるので、本書ではこれを使用している。最近は「厩戸皇子」の呼称が使われ始めているが、この名は太子存命中に使われていた形跡はないので、馴染みのある聖徳太子を使わせて頂いた。

最後に、聖徳太子という諱がおくられたことに関する筆者の推理についてご紹介させて頂く。

推古天皇一一年（六〇三年）に冠位十二階が定められたが、同年四月には、《聖徳》太子が初めて冠位を授けられた。最上位が大徳であり、これに次ぐのが小徳である。太子三〇歳であり、最上位の大徳とは考えにくい。これに次ぐ小徳が妥当なのではないだろうか。現代でも亡くなった人には戒名が与えられる。この時、生前の名前の一部を使って戒名が作られることも多い。《小徳》が《聖徳》として送り名が与えられたとしてもそれほど不思議ではない気もするが、これはあくまで筆者の推理という位置づけである。

聖徳太子二王子像（模本）天保十三年 狩野養信模写（東京国立博物館所蔵）

出典：ColBase（https://colbase.nich.go.jp/）

2　法隆寺と仏像

法隆寺は奈良県斑鳩町にある世界最古の木造寺院として知られる。

また法隆寺には、《聖徳》太子が造営したとされる斑鳩宮があったとされ、発掘によって現在の法隆寺伽藍の内部及び隣接する地域にあったことが判明している。その一部が《若草》伽藍跡で、金堂及び塔の礎石群が出土している。この伽藍跡を含む地域が斑鳩宮跡とされ、現在の法隆寺を含めたより広い地域に条里を有する形式で開発されていたらしい（法隆寺元住職の高田良信氏によれば、若草伽藍の名称は江戸時代に付けられたものという）。

この若草伽藍にあった寺院が、鵤大寺とされている。二〇一四年には、この鵤大寺と墨書された土器も出土している。

もう一点注目すべき特徴は、これら斑鳩宮の建物群は赤道から約二〇度（正確には、二三・五度）傾いた線に沿って建設されていることである（若草伽藍発掘報告書・奈良文化

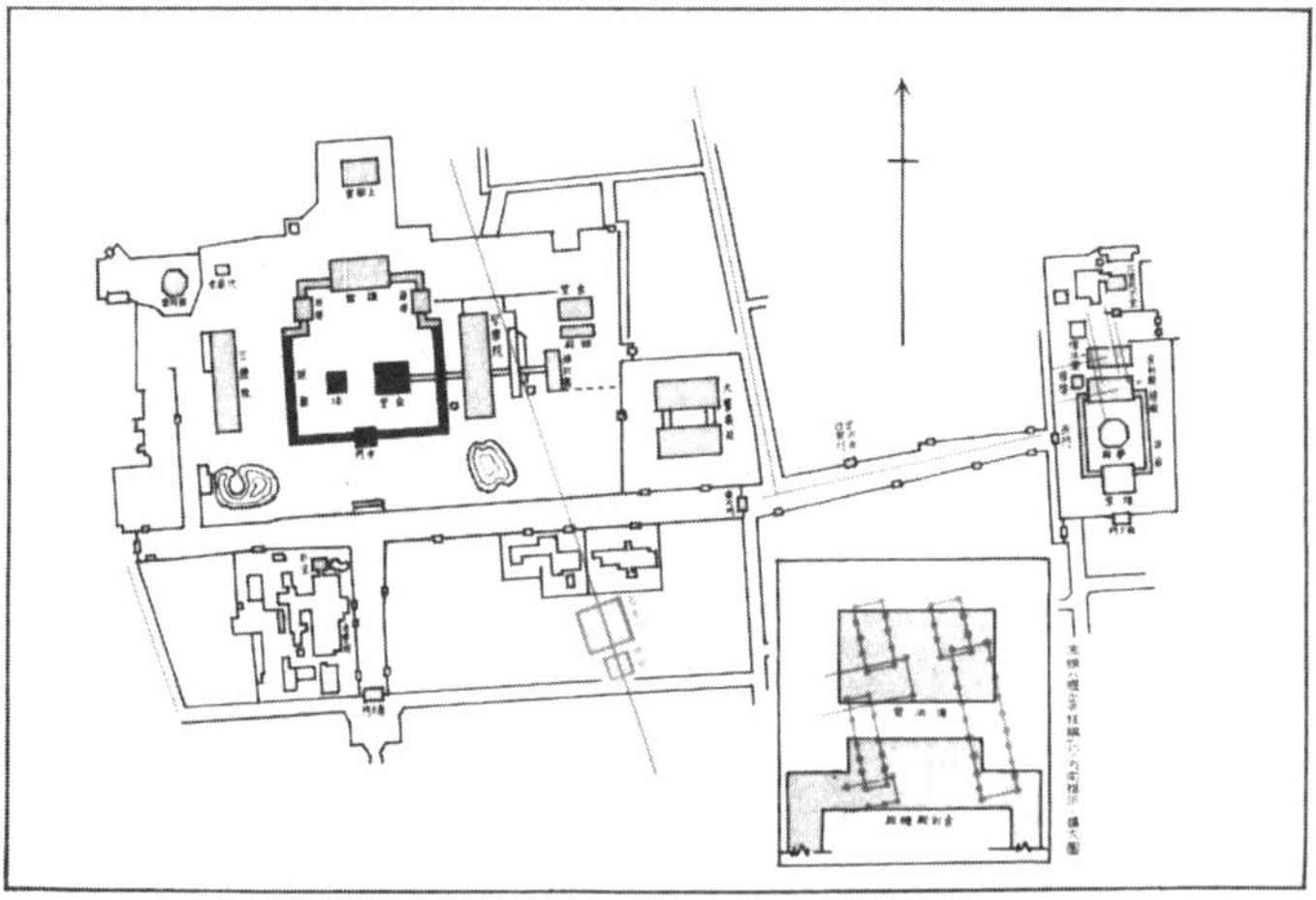

斑鳩宮跡・若草伽藍跡と法隆寺配置図
（『大和路 第9巻 法隆寺』国立国会図書館デジタルコレクション）

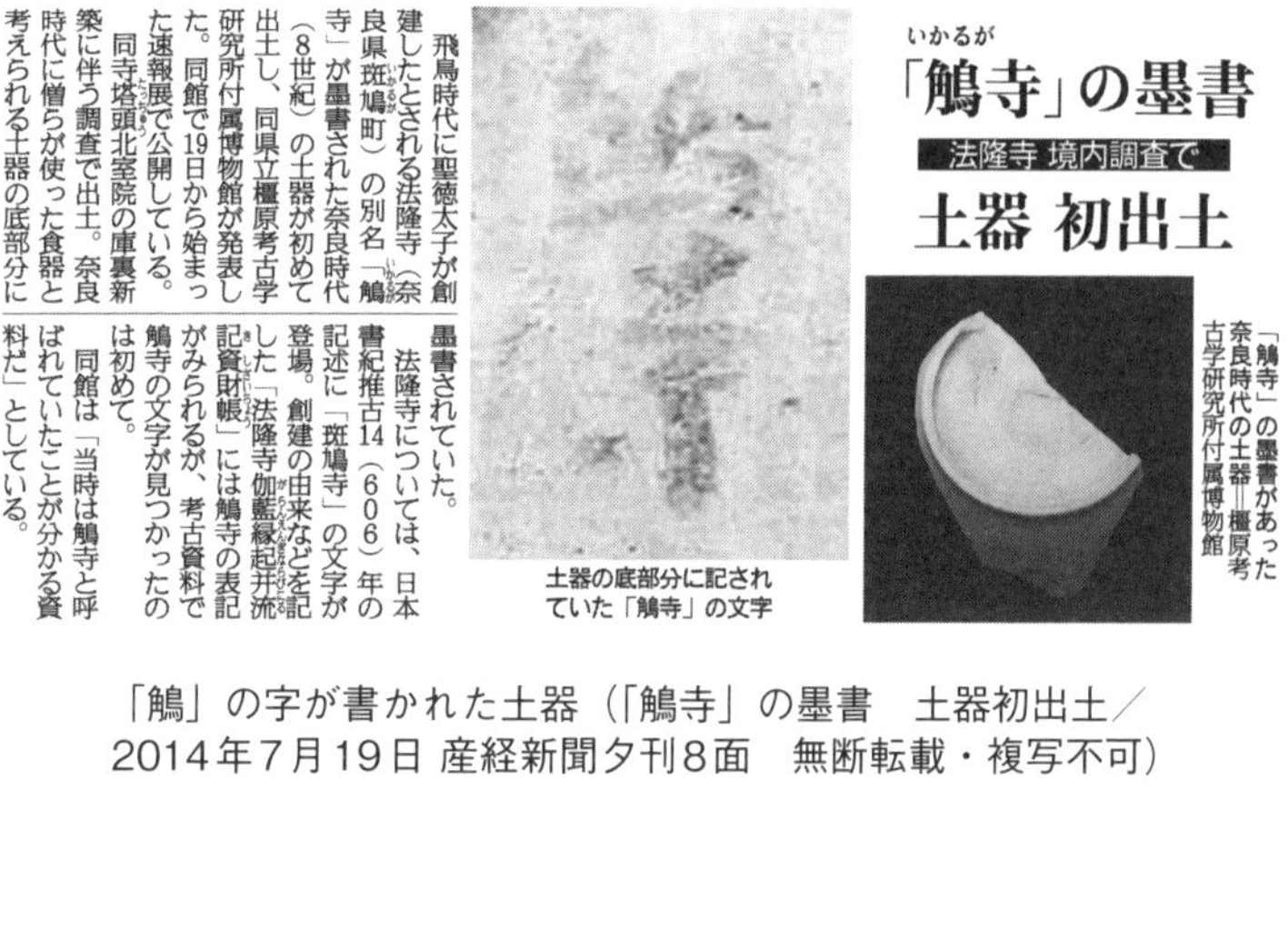

「鵤《いかるが》寺」の墨書
法隆寺 境内調査で
土器 初出土

「鵤寺」の墨書があった奈良時代の土器＝橿原考古学研究所付属博物館

土器の底部分に記されていた「鵤寺」の文字

飛鳥時代に聖徳太子が創建したとされる法隆寺（奈良県斑鳩《いかるが》町）の別名「鵤《いかるが》寺」が墨書された奈良時代（8世紀）の土器が初めて出土し、同県立橿原考古学研究所付属博物館が発表した。同館で19日から始まった速報展で公開している。

同寺塔頭北室院の庫裏新築に伴う調査で出土。奈良時代に僧らが使った食器と考えられる土器の底部分に墨書されていた。

法隆寺については、日本書紀推古14（606）年の記述に「斑鳩寺」の文字が登場。創建の由来などを記した「法隆寺伽藍縁起并流記資財帳」には鵤寺の表記がみられるが、考古資料で鵤寺の文字が見つかったのは初めて。

同館は「当時は鵤寺と呼ばれていたことが分かる資料だ」としている。

「鵤」の字が書かれた土器（「鵤寺」の墨書　土器初出土／2014年7月19日 産経新聞夕刊8面　無断転載・複写不可）

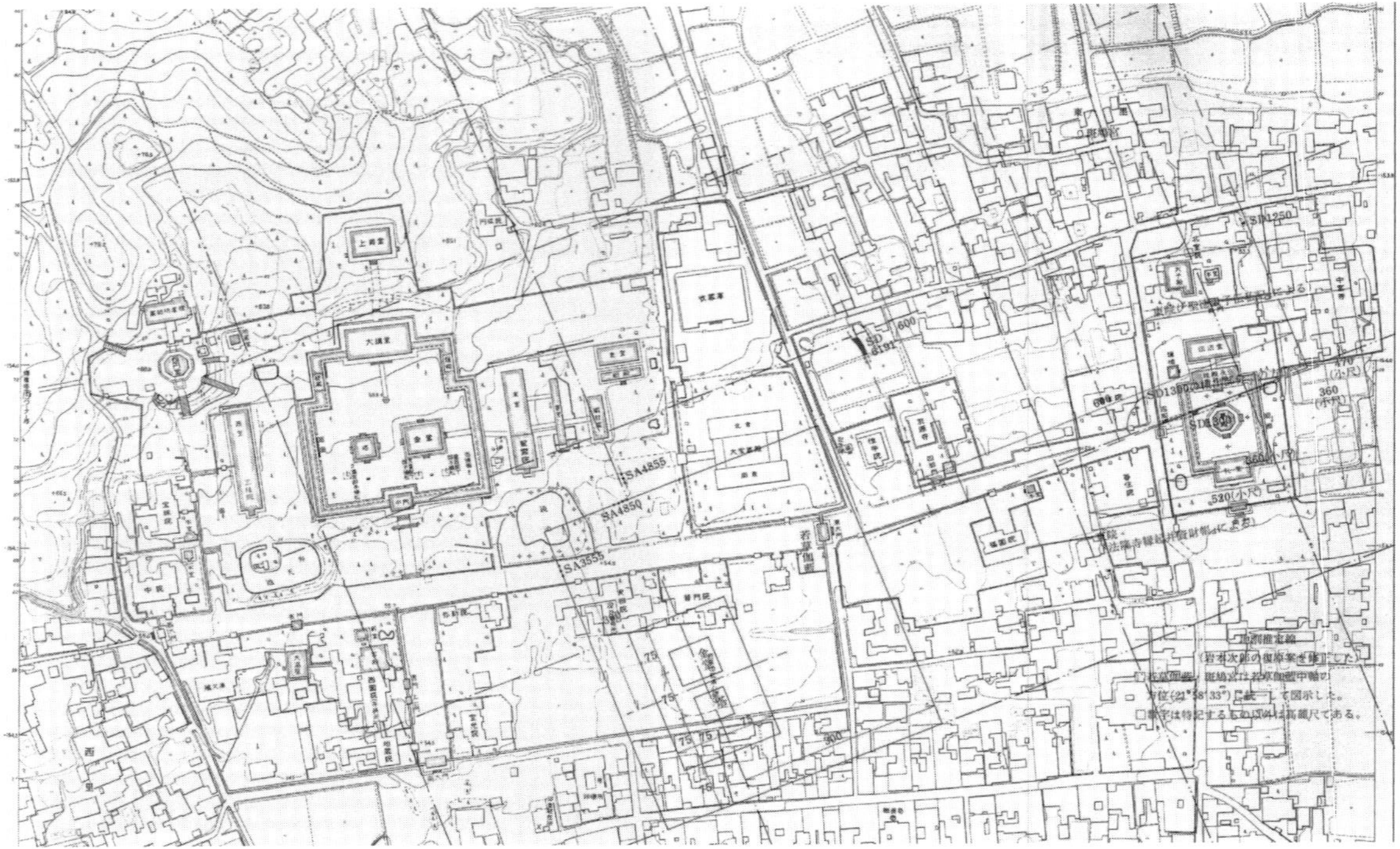

伽藍配置図（『法隆寺防災施設工事発掘調査報告書』奈良文化財研究所編集）

財研究所二〇〇七年七六分冊）。報告書によれば、この斑鳩宮の造営に当たって、《聖徳太子が渡来僧などから学んでいた中国古来の「風水学」（付録一三九ページ）に基づいて建設されたものと想定している。斑鳩宮の太子執務の建物などは南に向き、まさに、「君子南面」の考えに従うものであろう。先に述べた約二〇度の傾きも、丁度、夏至の日に太陽が南中する方向という概念に基づくものであろう（風水では太陽は火のエネルギーそのものであり、火はその性質上、上へ上へと上昇していくので最上位を意味する。夏至は、陽である火のエネルギーが最大限に強くなることからであろう。中国でも天子の宮などはまさにこの方向に向いている）。当然、斑鳩宮を造営した聖徳太子には風水の知識が十分あったことを示している。

正確な測量が今から一四〇〇年程前に行われていたのだから、改めて当時の技術水準の高さには驚嘆する。しかし、数千年前の古代中国の都も壮大なスケールで設計・建設されていることからも理解できるが、地球の自転軸の傾きを精度高く観測していたことは、改めて当時の天文学のレベルの高さも再認識させられる。

天球儀は二五〇〇年以上前から製作されているという。中国においては紀元前四世紀頃から知られていた。西洋では古代ギリシアの哲学者アナクシマンドロス（紀元前六一〇〜

五四六年頃）が球の内側から見るタイプの天球儀を作っていたと伝わる。球の外側から見る形の天球儀は天文学者エウドクソス（紀元前四〇八～三五五年頃）が作っていたが、紀元前三世紀頃には教育の場でも天球儀が用いられていたらしい。

話を戻して、その後の現・法隆寺の建設は、若草伽藍完成後、約四〇年後に開始されたものと想定され、この時間差によって建設に関する技術理念（風水学）の継承は行われず、現・法隆寺との方位・方向の差異が生じたのであろう。「風水学」はすでに述べたように中国古来の考えであり、現代でも我々が土地を開発したり、家を建てる際に無意識に取り込んでいるものでもある。数千年の歴史の経過を経ても依然として綿々と継承されてきたものであり、基本は「気の流れ」である。我々が、《病気》と書くのも《気の病《やまい》》と言われる。北の方角は「悪気を流す方向」であり、死人の北枕、リビングは南向きなどもその考え方である。ここでは簡単に《風水学》の一端を紹介した（詳しくは付録を参照）。

その継承がないことも、当時の他の分野の文化も含めた継承が忠実には行われなかったことからも明らかである。

詳細は省くが、

◎若草伽藍――百済文化
◎現・法隆寺――高句麗文化
の影響が大きいと考えられる（百済の僧、高麗尺《こまじゃく》の使用、法隆寺の伎楽面《ぎがくめん》や落書きの服装など）。

また、当初の若草伽藍建設が開始された頃の渡来文化についても、時代とともにその流れや国家としての考え方に違いが生じてくることは十分にあり得ることである（年代によって活躍した渡来人の出身国も異なったであろう）。但し、この斑鳩宮の建設に纏わる背景となる文化についてはこれ以上の言及はしない。当時は、朝鮮半島の高句麗、新羅、百済など多国からの文化が移入された時期でもあり、高麗尺の使用や、法隆寺に遺された建設に携わったと思われる人達のスケッチが数多く遺されている。

余談であるが、これらからも当時の渡来人を含む衣装文化を垣間見られるのも実に楽しいことであり、《画家》達のメッセージが後世に伝えるものも多い（例えば、岩波新書『奈良の寺』奈良文化財研究所編、三六ページ参照）。

『奈良の寺』
より筆者模写

若草伽藍は江戸時代から記録されている寺院跡であるが、「日本書紀」の記録を巡っては《再建・非再建》論争があり、その後、若草伽藍跡の発掘、堂や塔の礎石が出土するなどして、現在では（現）法隆寺とは別の寺院伽藍があり、火災跡も確認されている。史実としては、焼失したのは六四三年であるが、『聖徳太子伝補闕記』には、

癸卯年十一月十一日丙戌亥時、宗我大臣并林臣入鹿・致奴王子児名軽王・巨勢徳太古臣・大臣大伴馬其連公（本甘歟・朱）・中臣塩屋枚夫等六人、発悪逆、討太子子孫男女廿三王、無罪被害、今見計名有廿□□王、

山代大兄（蘇・朱）　殖栗王　茨田王

卒末呂王　菅手古王　舂米女王（膳・朱）

近代王　桑田女王　礒部女王

三枝末呂古王（膳・朱）　財王（蘇・朱）　日置王（蘇・朱）

片岳女王（蘇・朱）　白髪部王（橘・朱）　手嶋女王（橘・朱）

孫《マゴ》（朱）難《波》（朱）支王　末呂古《女》（朱）王（膳・朱）　弓削王

佐保女王　佐佐王　三嶋女王

甲可王　尾張王
于時、王等皆入山中、経六箇日、辛卯辰時、弓削王在斑鳩寺、大狛法師手殺此王、山代大兄王子率諸王子……

（『上宮聖徳太子伝補闕記の研究』新川登亀男著、吉川弘文館より）

癸卯（ユリウス暦六四三年一二月三〇日）丙戌亥時に太子子孫を宗我大臣并林臣入鹿が殺し、六日後の辛卯辰時に大狛法師が事件後六日後に斑鳩寺にいた山背大兄王の息子弓削王を殺した、等と記述されている。

さて本論に入る。
本書で対象とするのは、現・法隆寺伽藍にある金堂に祀られた金銅製の飛鳥時代に制作されたとされる仏像群は、
①薬師如来像
②釈迦三尊像
である。これらの呼称は、筆者は若干誤解を生じる可能性もあると思う。

薬師如来像（法隆寺蔵／飛鳥時代　国宝）写真提供　飛鳥園

釈迦三尊像（法隆寺蔵／飛鳥時代　国宝）写真提供　飛鳥園

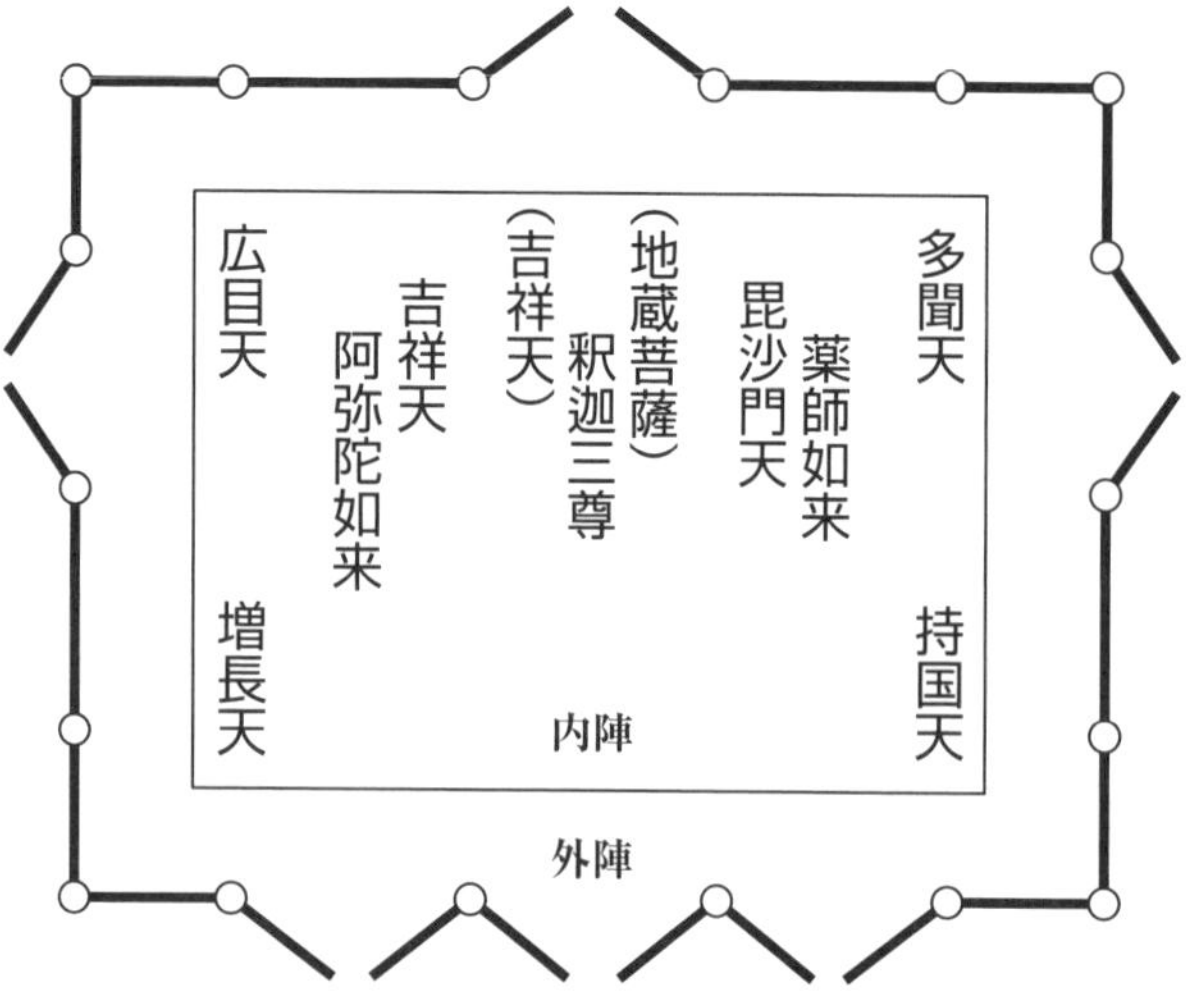

金堂内の配置略図

特に、②については、中央にある釈迦像を《釈迦牟尼（ブッダ）》の像、すなわち、俗に言うお釈迦様であるとする向きもあるが、いくつかの理由により、この像は明らかに《聖徳》太子に似せて作られた像である。

①光背銘文にその旨記載されている。

②飛鳥時代の初期は、釈迦如来像は《丈六（一丈六尺）》（釈迦は常人の二倍～三倍の身長があったとされている）といい、釈迦牟尼の身長に合わせた（仏足石をご覧になった方はその大きさで想像されるだろう）という。これは飛鳥大仏や蟠満寺《かにまんじ》の釈迦如来像にも見ることができる。聖武天皇の国分寺建設

の詔でも《丈六の釈迦牟尼仏尊像》建立を求めており、仏教に帰依した人達には釈迦牟尼像といえば丈六であった（一尺六寸＝四八五センチくらい）。

もう一点指摘しておきたいのは、②の法隆寺金堂釈迦三尊像の脇侍二像は、

・薬王菩薩
・薬上菩薩

であることである。以下の議論の展開に関与してくるので若干、これについて述べておく。

釈迦三尊像の脇侍として上記の二像が一つの三尊像のパターンのように述べられるが、これは本像が釈迦牟尼像ではないことを考えると、この三尊像を釈迦三尊像の類型の一つとして扱うのは適当ではない。むしろ②の三尊像が造立された背景と重ね合わせると、これは特殊ケースに過ぎない。すなわち、後に述べるように、光背銘文に「……愁毒」、すなわち太子がなんらかの《毒》に見舞われているのでは……という祈りが《薬（解毒）》の目的で二つの脇侍に繋がった、と考えるべきである。

こう考えることにより、太子を巡る当時の生々しい状況が見えてくる（ちなみに釈迦三尊像が本尊とされるのは鎌倉時代に多い）。

制作者は止利仏師《とりぶっし》（司馬鞍作首止利《しばくらつくりのおびととり》）と銘文に記されており、斑鳩と飛鳥（飛鳥大仏）の地において仏像制作が行われている。この仏師は百済人の流れを汲むと言われているが、実は斑鳩西側の生駒山地を越えると、西方に加美という地域があるが、古来この地には鞍作という集落があり、飛鳥時代に馬の鞍作りが行われていたと思われる（法隆寺の西側にある《藤ノ木古墳》の出土物である、次のページに掲載した鞍金具は見事なものである）。この地域はかつて百済郡とも呼ばれていたので、当然百済から渡来した人達が活躍していたのだろう。

この止利仏師は、

- 法隆寺金堂薬師如来像と釈迦三尊像
- 飛鳥寺（法興寺）釈迦三尊像（現在残るのは、中央の丈六釈迦如来像のみ）
- 法輪寺薬師如来像（寺伝による、本像は木像）

などを制作しているが、筆者は少なくともある期間、法輪寺辺りを制作場所にしていたと想像される。このことは、後に、法隆寺の金堂に祀られている①、②の像が、修復され

藤ノ木古墳／金銅製鞍金具（後輪）
文化庁所蔵・奈良県立橿原考古学研究所附属博物館保管

て法輪寺から（現）法隆寺に祀られた……と見られるからである。

　法隆寺再建論争などにおいても、このような仏像がどのような変遷（居場所を含め）を経たかについて議論されたのか、その事実を筆者は知らない。

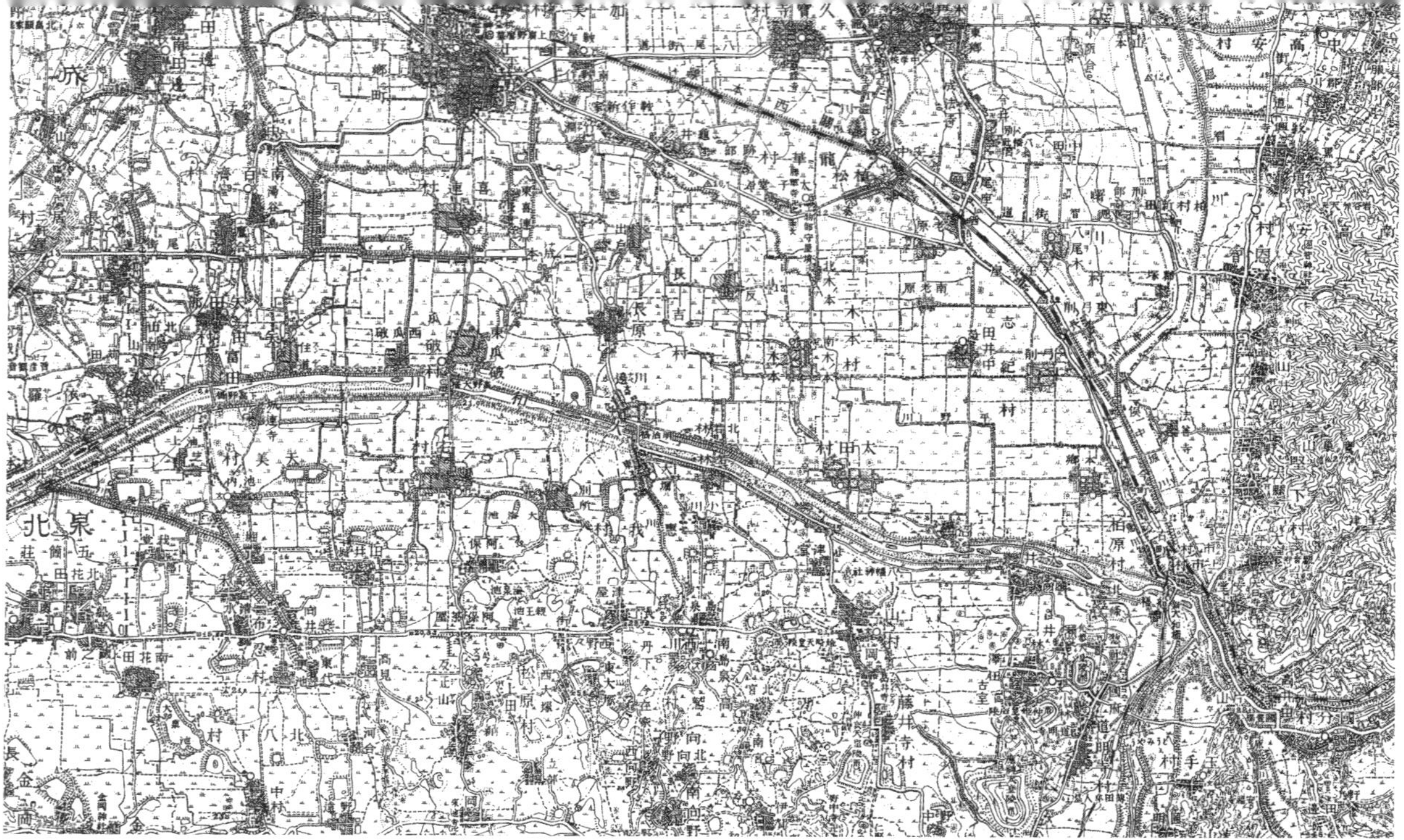

大正時代の八尾・柏原村の地形図
出典：国土地理院発行５万分１地形図　大阪東南部（1914年測量）

3 斑鳩宮と鵤大寺（若草伽藍）
――二三・五度、そして五重塔

斑鳩に宮を構えた《聖徳》太子は宮近くに寺院も建立した。現在の法隆寺を巡って再建・非再建論が闘わされたが、一方で発掘調査の結果、若草伽藍といわれる寺院があったことが判明した。焼けた瓦など後に述べる蘇我氏の命による斑鳩宮などへの急襲・炎上が事実となり、若草伽藍には塔や堂があったことも判明した。《若草》という呼称は、高田良信氏によると江戸時代に雑草が生い茂っていたことから付いた呼称らしい。

斑鳩にはすでに述べたように、過去、古代の寺社や史跡を想像させる地名がある。

古代、聖徳太子が飛鳥の地から斑鳩に移り、新たな《都市設計》を進めた。この斑鳩近辺は、後に詳細に述べる《風水》に基づいて、これまで知られている範囲では最古の《条里制》となっている。このような整備された《都市設計》において、いくつか気付く点がある。これは地名から連想される。特に寺社について、当時の聖徳太子の仏教に対する帰依を併せて考えると、より明確に過去の太子の存在が鮮明に見えてくる。

まず、若草伽藍（そして斑鳩宮）の特異な遺跡の発掘結果として、
☆若草伽藍や斑鳩宮と思われる地域の全体が、ある特定の方位を向いて設計されていることである。
具体的には斑鳩宮や若草伽藍を含む地域全体の配置が、赤道に対して北方向におおよそ二三・五度傾斜していることである。発掘結果におけるこの傾斜については、「奈良文化財研究所学報、第七六冊（二〇〇七年）法隆寺若草伽藍跡発掘調査報告」の六三頁に示された通りである。

なお、地球の自転軸は時間とともに変動するが、地球の地軸の傾きは約二一・五度から二四・五度の間を定期的に変化しており、その周期は四・一万年である。これを基に、約一六〇〇年前の自転軸の傾きの時間的変化を求めると、凡そ〇・一二度程度である。従って二三・三～二三・五の範囲にあれば、《風水》を基にした妥当な推理であったと言えよう。

なお、現在の地球自転軸の傾きを二三・四度としているものが多いが、本書で議論すべき差でもないので二三・五度であっても問題はないと考える。

は北で西に23° 5′ 43″ 振れることとなる。このように中軸線の振れは、掘込地業のどこを東西心とみるかによって、2° 前後の幅が生じる。(島田)

掘込地業東西心座標

	S－N	E－W
A	S 14.60	E 18.50
B	S 0.25	E 18.80
C	N 19.15	E 20.35

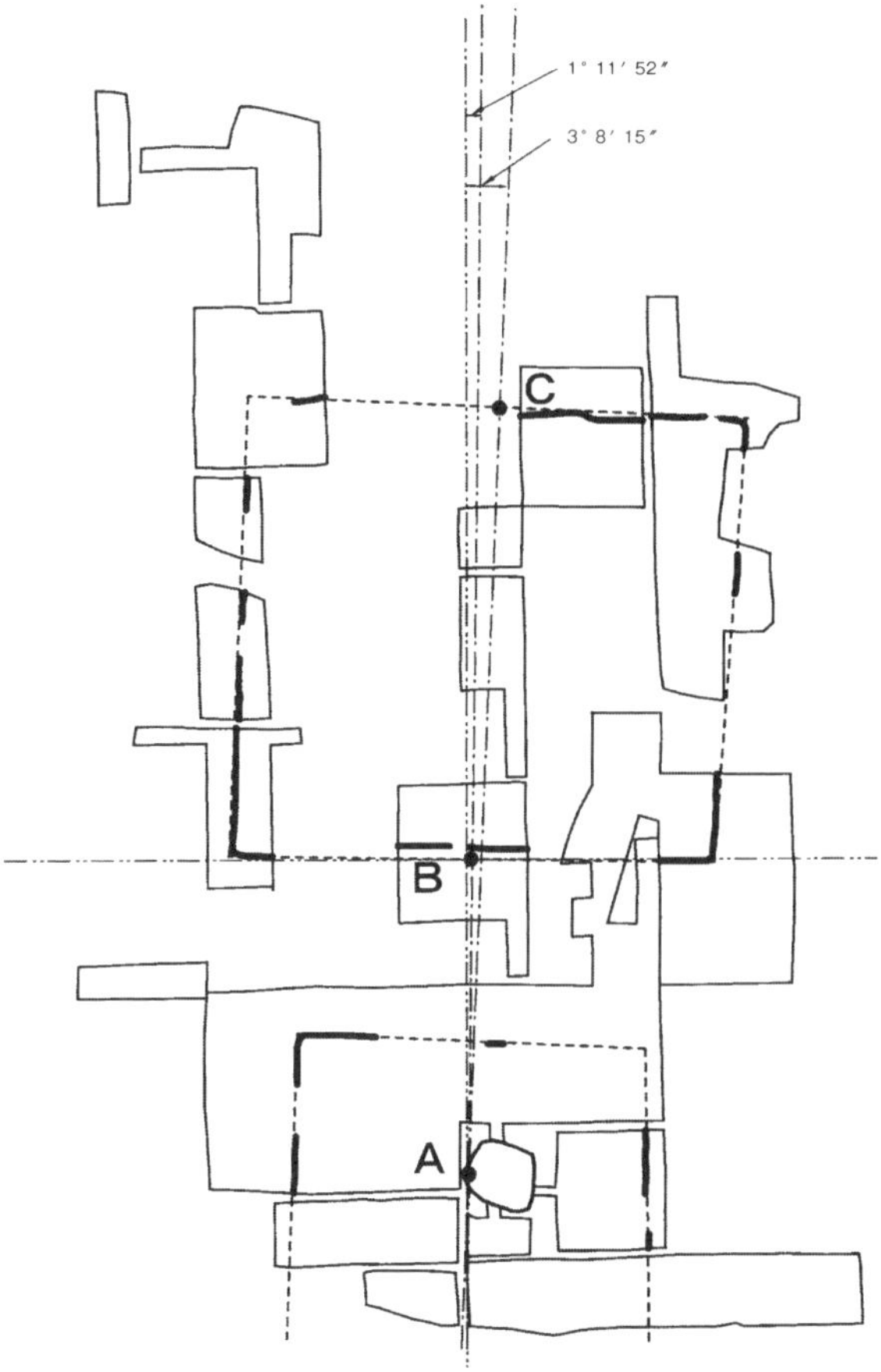

Fig. 72 伽藍中軸の方位

伽藍中軸の方位
(奈良文化財研究所学報第76冊『法隆寺若草伽藍跡発掘調査報告』)

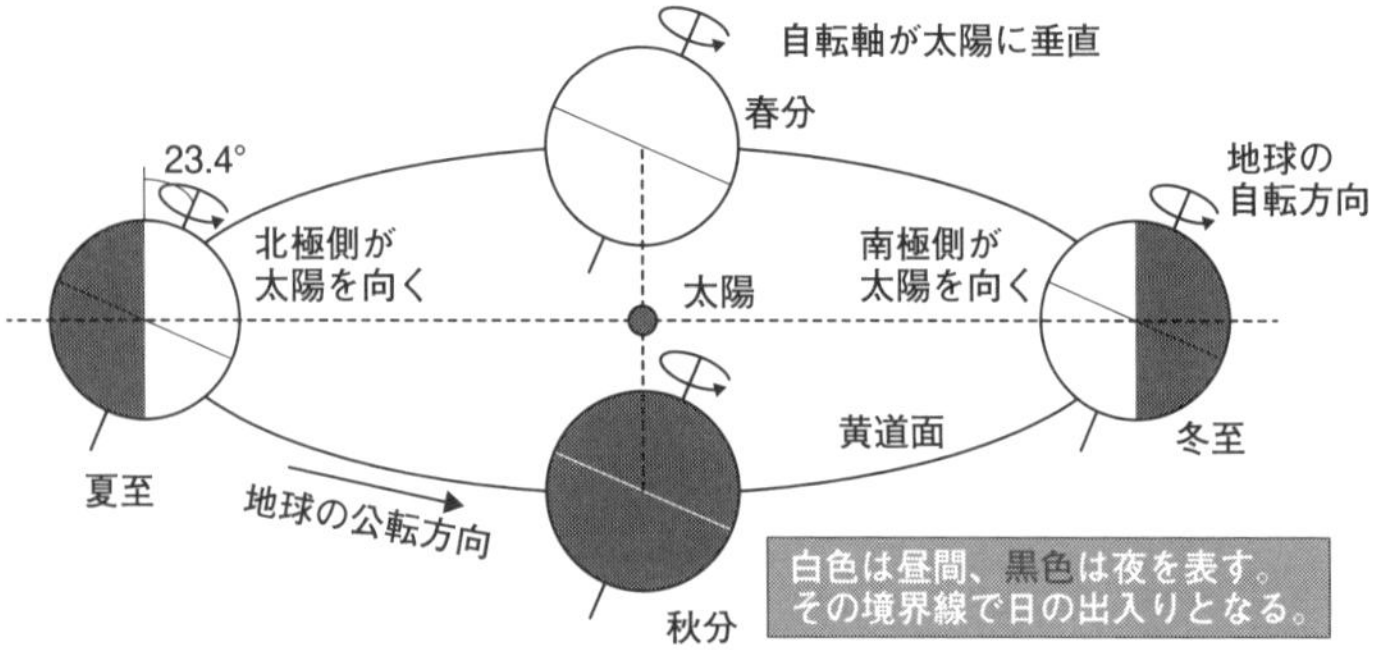

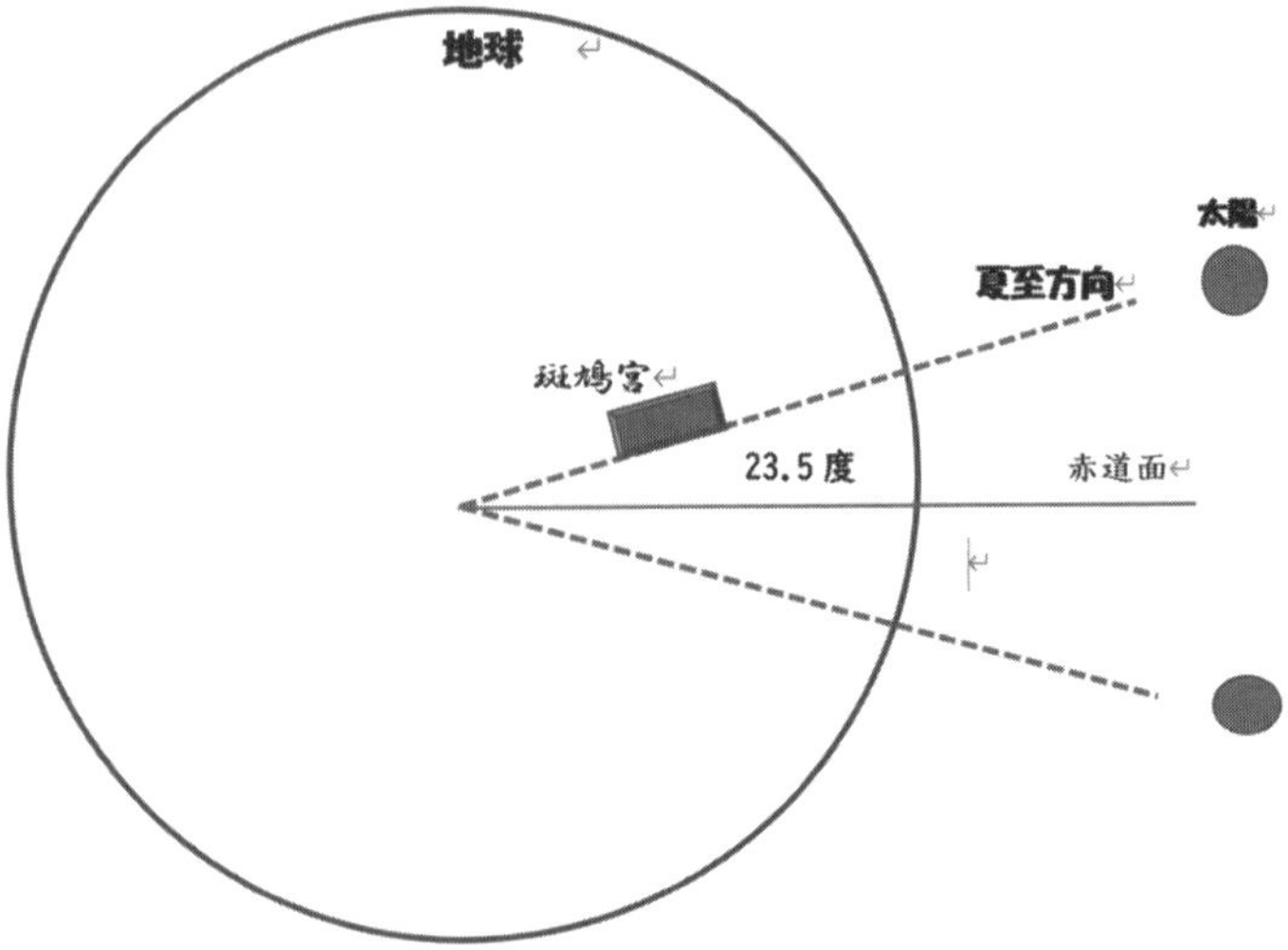

斑鳩都市設計と傾斜方位の図

この若草伽藍と呼ばれる寺院跡には塔があったと想定される、心礎《しんそ》（仏塔の中心の柱の礎石）の形跡を持つ礎石が発掘されている。この礎石も伽藍跡で発掘された後、所在地が変遷したという経緯がある。非常に大きな礎石であり、個人宅に保管されていた礎石の移動の風景写真では、コロを使って移動しており、まるでピラミッドの石移動の光景を彷彿させる情景である。

この礎石の寸法や規模から当時の塔の姿を推定してみると、少なくとも五重塔以上であっただろうと思われる。法隆寺に残された造像記には《鵤大寺》と記されている。このことから、当時、四天王寺や法興寺（飛鳥寺）と同等以上の塔が存在したと考えるのが妥当であろう。

武蔵国分寺は、心礎径は同じ程度でも七重塔であったが、現在の法隆寺の心柱径とも同等であることから、本書では五重塔と想定している。この塔についての詳細は付録一四四ページを参照頂きたい。

この塔についての検討は本書において重要な意味を持つものではないが、少なくとも法輪寺や法起寺の塔よりは高く聳えていただろう。

4 斑鳩の寺院 法隆寺・法輪寺・法起寺

――幸隆寺・東福寺

もう一つは、これらの斑鳩近辺の伝承なども考慮すると、近年巷間で伝えられる《説》とは異なるものがある。例えば、

☆斑鳩三塔

である。三塔は、法輪寺、法起寺、法隆寺とされている。後に述べるように、この説は明らかに《美的センス》から言えば不揃いの三寺と思える。

また、現・法隆寺の西端近くには「西福寺」がある。また、東方の少し離れたところに「東福寺」（一丁目のみで狭い範囲）の名を示す町名がある。西の西福寺に対し、東の地にはかつて「東福寺」が存在した。東福寺については、いくつかの指摘があるように、『大和名所図会』に駒塚（聖徳太子愛馬、黒駒を葬ったとの伝承）近くに寺院が描かれている。結構広い伽藍を持った寺である。

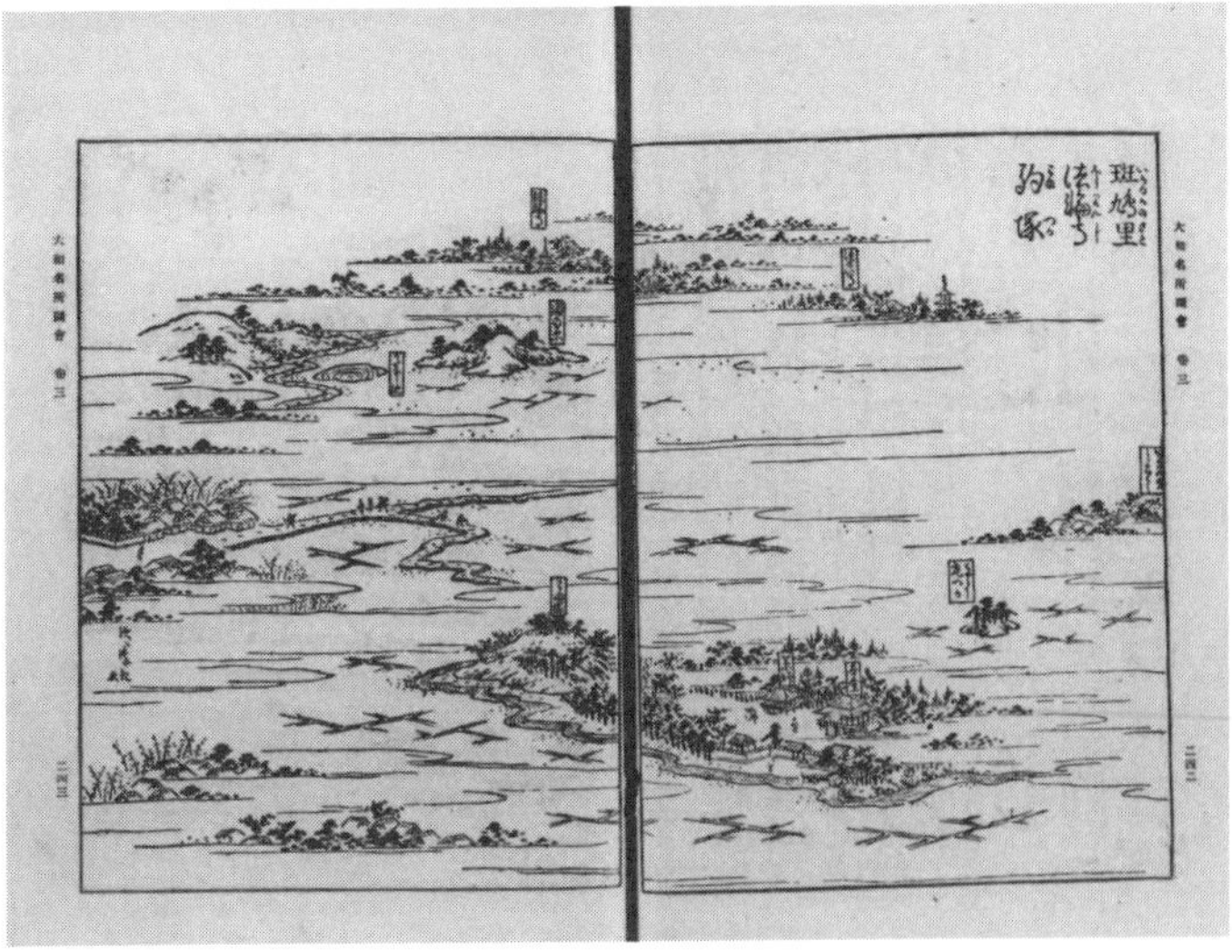

大和名所図会
（『大日本名所図会』国立国会図書館デジタルコレクション）

もう一つ重要な寺院がある。この寺院の存在が明らかにされると、後に示す《法隆寺再建説》についての議論に大きな突破口を与えることができる。

ところで、京都の太秦広隆寺は仏像彫刻国宝第一号（申請書類が一番上であったためとも言われている）がある寺院としても有名であり、古来より、聖徳太子と関係の深い寺院とも言われている。この広隆寺について、「太秦広隆寺の創建」（リーフレット京都NO.68、一九九四年八月）に以下のように記されている。

「『広隆寺来由記』には広隆寺の「広

隆」は、秦河勝の実名だとされるが……」

要は、この広隆寺は《秦氏の氏寺》であり、人名が付けられている可能性が高いのである。太秦の《太》は、敬称として付けられたものである。例えば、太后、太閤等々である。この寺院に人名が付くという《秦氏》の氏寺のことをまず、記憶しておく。

後に示すが、実は明治時代の文書が存在する。そこに登場するのが、法隆寺東北方向に存在したとする「幸隆寺」なのである。その存在は、現在、伝承として捉えられてはいるものの、存在のエビデンスはないとされているようである。

この幸隆寺を記述した文書がインターネット検索の過程で入手できた（『法隆寺伽藍諸堂巡拝記』（鳥居武平著）。

同文書にはいくつかの興味ある事項が記述されている。

①法隆寺は燃えていない

②燃えたのは幸隆寺である

③日本書紀は二つある

などで、同文書には幸隆寺の所在地についても記述がある。

上記のうち、②の幸隆寺の存在は物理的に判断できる内容であり、筆者らは現地を訪れ、

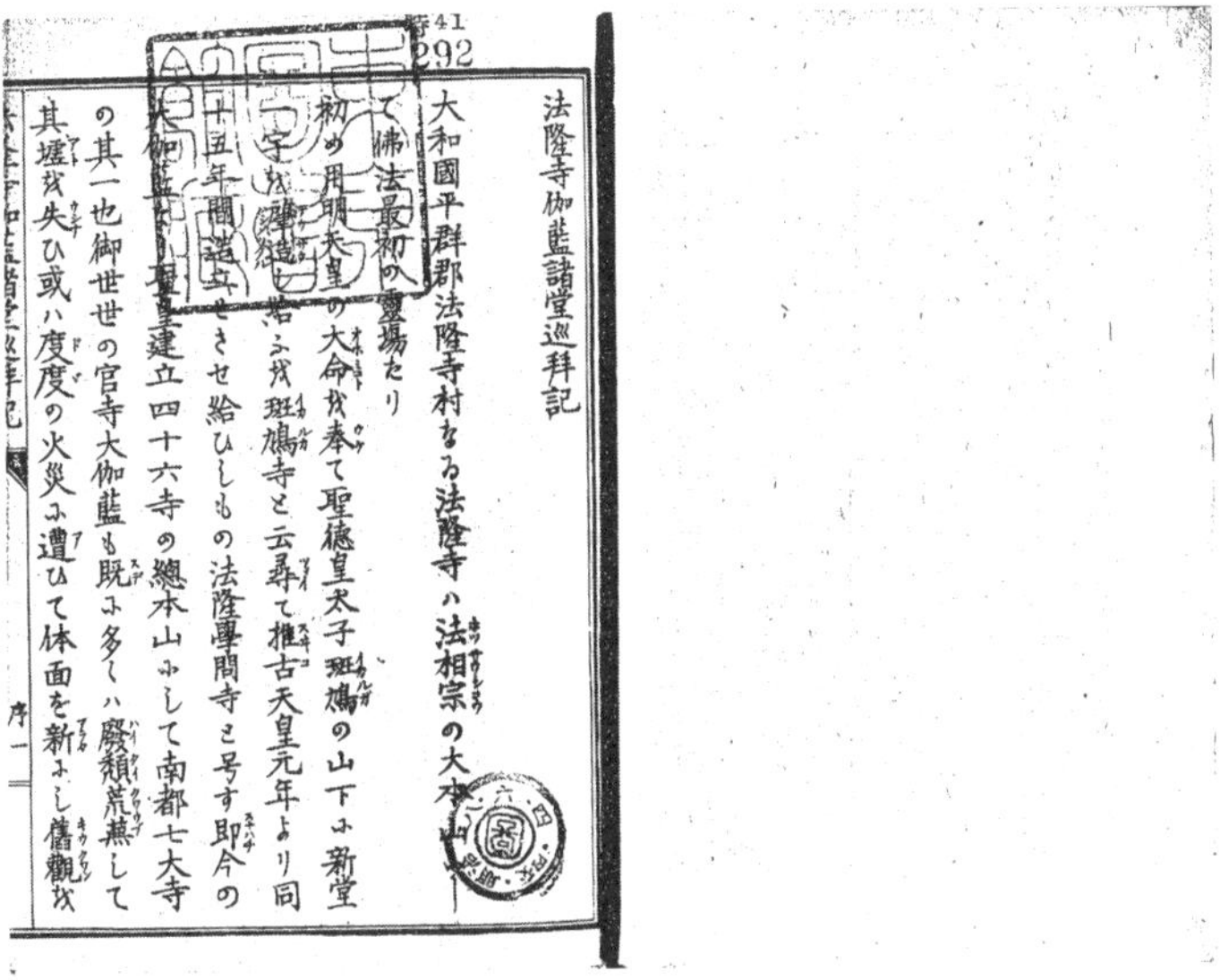

法隆寺伽藍諸堂巡拜記
大和國平群郡法隆寺村なる法隆寺ハ法相宗《ホツサウシウ》の大本山
て佛法最初の靈場たり
初め用明天皇の大命《オホミコト》を奉《ウケ》て聖徳皇太子斑鳩《イカルガ》の山下に新堂
宇を建造し給ふを斑鳩《イカルガ》寺と云尋《ツイ》て推古《スイコ》天皇元年より同
十五年間造立せさせ給ひしもの法隆學問寺と号す即今《スナハチ》の
大伽藍なり聖皇建立四十六寺の總本山にして南都七大寺
の其一也御世世の官寺大伽藍も既《スデ》に多くハ廢頽荒蕪《ハイタイクワウブ》して
其壇《アト》を失《ウシナ》ひ或ハ度度《ドド》の火災に遭《アフ》ひて体面を新《アラタ》にし舊觀《キウクワン》を

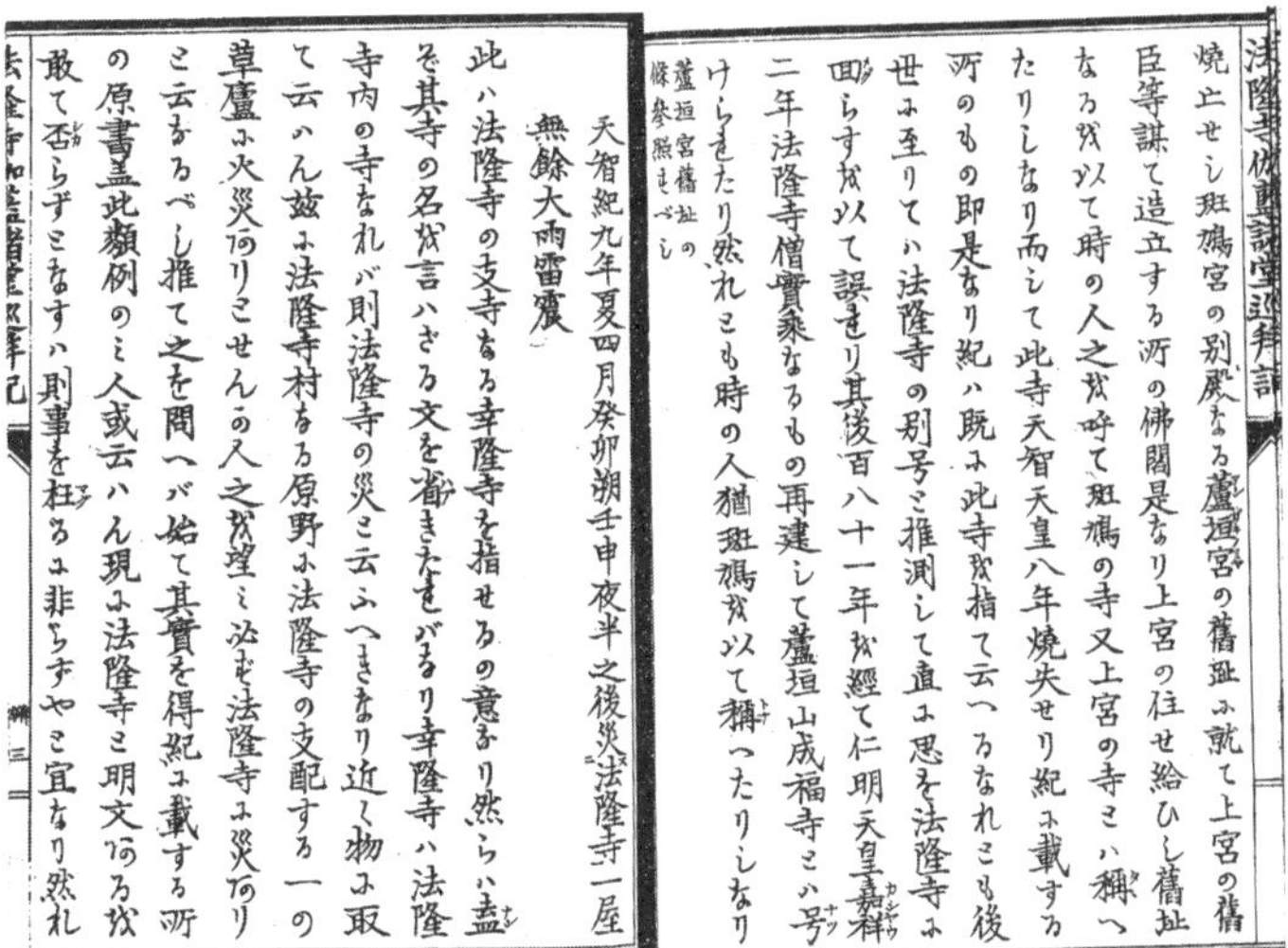

燒亡せし斑鳩宮の別殿なる蘆垣宮の舊趾に就て上宮の舊
臣等謀て造立する所の佛閣是なり上宮の住せ給ひし舊趾
なるを以て時の人之を呼て斑鳩の寺又上宮の寺とハ稱へ
たりしなり而して此寺天智天皇八年燒失せり紀に載する
所のもの即是なり紀ハ既に此寺を指て云へるなれとも後
世に至りてハ法隆寺の別号と推測して直に思を法隆寺に
附らすを以て誤せり其後百八十一年を經て仁明天皇嘉祥《カシヤウ》
二年法隆寺僧實乘なるもの再建して蘆垣山成福寺とハ号《ナツ》
けられたり然れとも時の人猶斑鳩を以て稱へたりしなり
蘆垣宮舊趾の條參照すべし

天智紀九年夏四月癸卯朔壬申夜半之後災法隆寺一屋
無餘大雨雷震
此ハ法隆寺の支寺なる幸隆寺を指せるの意なり然らハ盡
そ其寺の名を言ハざる文を豁きたまひばなり幸隆寺ハ法隆
寺内の寺なれバ則法隆寺の災と云ふへきなり近く物に取
て云ハん玆に法隆寺村なる原野に法隆寺の支配する一の
草廬に火災ありとせんに人之を望ミ必ず法隆寺に災あり
と云ふるべし推て之を問へバ始て其實を得紀に載する所
の原書蓋此類例のミ人或云ハん現に法隆寺と明文あるを
敢て否らずとなすハ則事を枉るに非らずやと宜なり然れ

『法隆寺伽藍諸堂巡拝記』（国立国会図書館デジタルコレクション）

地元教育委員会などを訪ねて聞いてみたが、「かつて幸隆寺という寺があったという」程度しか判明しなかった。

確かに、地元の地名には幸前《こうぜん》という地区がある。また幸前神社も残されている。筆者はこの地名がある限り、かつて幸隆寺があった可能性は非常に大きいだろうと想定し、探索を続けて、幸隆寺と記された地図を発見したわけである（斑鳩町ホームページ・地図に掲載）。その場所はまさに幸前の前であり、地名との関連性も矛盾しないことが分かった。

詳細は述べないが、この幸隆寺は先の文書の中で中宮でお仕えした《秦幸隆》なる人物が造立した寺院で、後に《聖徳太子絵伝》に見るように三重塔を持つ寺院であった。


少しややこしかったのは、地元に「幸隆寺」という表札（写真参照）を掲げた町の集会所が存在したことである。この場所は、先ほどの地図とは異なった場所にあり、私は一瞬、辻褄の合わない状況に追い込まれた。

この《矛盾》は、斑鳩町の郷土史家・蔭山精一氏（故人）が残した『斑鳩おもしろ帖古地名編』を見ることにより解決できた。この（表札のある）幸隆寺と称するところは、かつて昭和時代には、堂が残っており、《辰巳坊》と呼んだ幸隆寺の《坊》であったもの

◎が幸隆寺の位置　　▲が幸隆寺の表札がある場所

である（「斑鳩町史」参照）。位置関係からして、地図上で発見した幸隆寺から南東方向（辰巳）であり、問題は解決できた。この辺りはやはり地元の郷土史家の資料は有難いものである。なお、この坊は後に《融通念仏宗》の寺となっていたとのことである。

以上のことから、幸隆寺が存在していたことが判明したが、そうすると、岡の原という小高い丘（高さ七〇メートル程度）を中心とする、ほぼ正三角形にすべて三重塔を持つ寺院が見事に配置されていたことが分かる。

「幸隆寺」という表札

辰巳坊

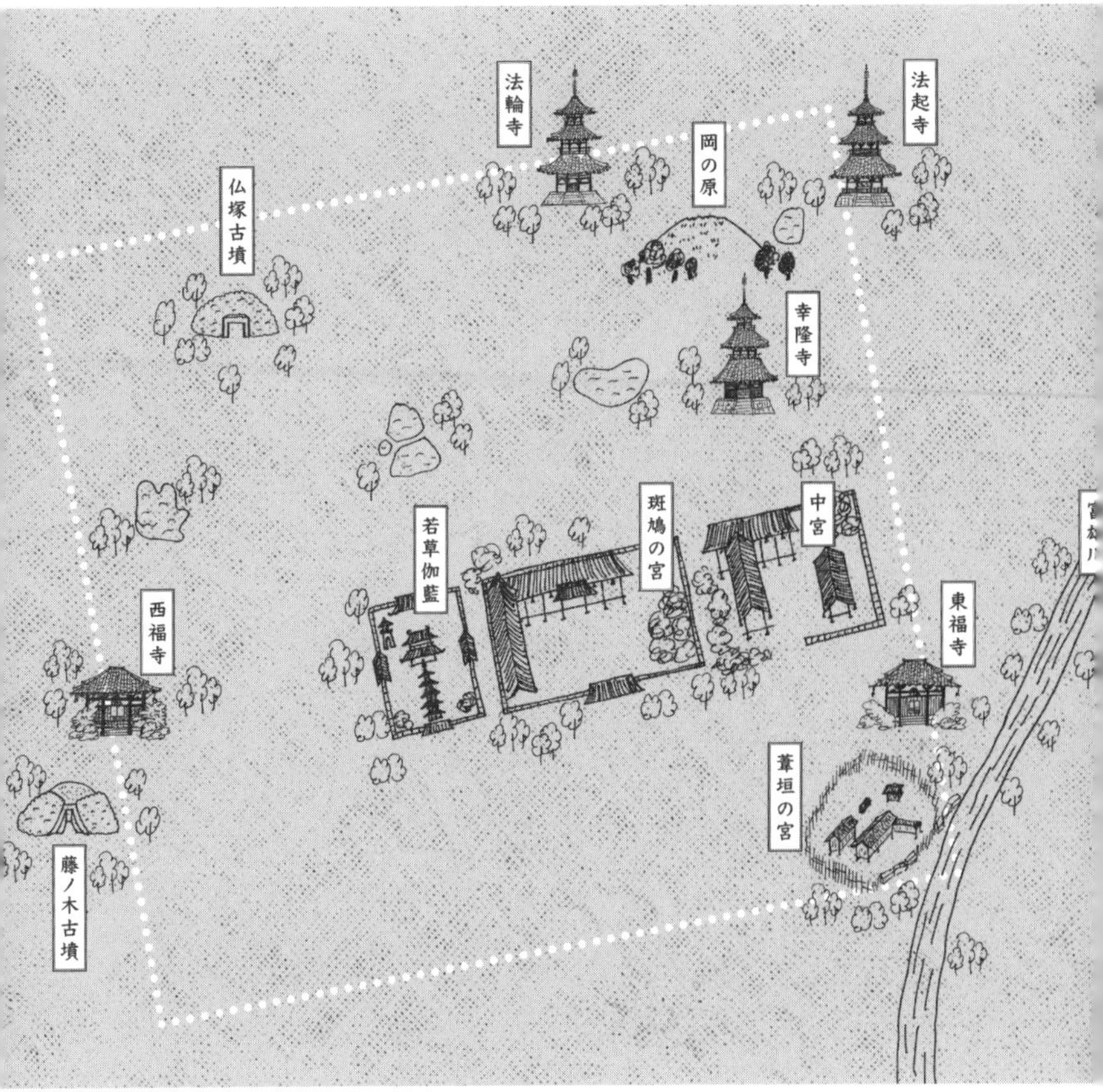

幸隆寺周辺地図（エス・エス氏画）

これらこそ斑鳩三塔・三寺（幸隆寺・法起寺・法輪寺の三重塔）と呼ぶのにふさわしい、正三角形の美しい幾何学的配置を見せた都市設計の一部であったのだろう。

斑鳩宮・若草伽藍を含む地域の概念図を前のページに示す。

もう一つ本書に登場する、聖徳太子の没後に重要な意味を持つ斑鳩の古墳を紹介しておく。次のページの写真は仏塚古墳と呼ばれ、かつては現在の規模よりも大きな古墳で、石室は斑鳩で最大の規模を持つとのことである。この古墳は、六世紀末には造営されていたらしいが、飛鳥奈良時代に古墳が開けられた形跡がある（斑鳩町史）。また、鎌倉時代の仏具なども多く発見されており、信仰の対象でもあったらしい（「斑鳩町史」参照）。名称が《塚》でもあり、信仰の対象であったことを窺わせる。

筆者らは、この古墳は聖徳太子と夫人が死去した際に仮埋葬されたものではないかと推定している。これは石室規模、法隆寺の西方にあること、後に、河内叡福寺に正式に埋葬されて、鎌倉時代には太子信仰が盛んになった証とも思える。

なお、法隆寺の西方には、朱塗りの家形石棺内に二体の被葬者が存在したことなどで有名になった《藤ノ木古墳》がある。豪華な埋葬品でも目を見張ったが、筆者には馬具、と

仏塚古墳

仏塚古墳石室

藤ノ木古墳

りわけ金銅装透彫鞍金具が印象に残った（四五ページ）。非常に微細に設計加工された、当時の木工加工などの技術水準の高さを彷彿とさせるものである。斑鳩から河内に向いて行けば、前述したように《鞍作》（現在の加美付近）という集落があり、これらの馬具も容易にその地との関係が想像されるのである。もちろん、河内と馬は密接な関係があったのだが。

もう一点、参考になると思われる文献の記述を紹介しておく。それは『日本の古代遺跡４　奈良北部』（保育社）で次のように書かれている。

「法隆寺に残る古文書の中に【陵山《みささぎやま》】の名でしばしば見える【藤ノ木古墳】では、古くから供養が行われた様子が記録からうかがえるが、発掘調査でもそれが裏付けられた」

陵とは、《天皇・皇后・皇太后・太皇太后の墓所》（広辞苑）である。

藤ノ木古墳は法隆寺の西方直ぐ近くの平坦な場所にあり、《（陵）山》にはふさわしくないし、供養の様子がうかがわれる……といった発掘報告も筆者はお目にかかったことはない。

さらにすでに述べたように、仏塚古墳は古くから信仰の対象となったらしい……とされており、明らかに、紹介した書籍『日本の古代遺跡４』が指摘する藤ノ木古墳ではなく、仏塚古墳の誤りであると思われる（仏塚古墳は法隆寺から徐々に上がった場所にあり、その近くは小高い山に向かう地である）。

右上が幸隆寺と思われる寺院（『聖徳太子絵伝』東京国立博物館所蔵）
出典：ColBase（https://colbase.nich.go.jp/）

5　古代史の新たな展開

——薬師如来像光背銘文を読む

造像銘文とは、像を造る際、制作者の名前や制作年、造立の由来などを記したものである。

日本では飛鳥時代から作られ、法隆寺金堂の釈迦三尊像造像銘や薬師如来像造像銘など多くの遺品が知られる。法隆寺金堂の造像銘文は日本最古のものでもある。

金堂には次の二種の銘文がある。

◎薬師如来像光背銘文

◎釈迦如来三尊像光背銘文

前者の薬師如来像光背銘文には法隆寺の創建と薬師如来像の造像の由来が記され、推古天皇一五年（六〇七年）の年紀を有することから、法隆寺の創建事情に関わる基本的な史料の一つとなっている。

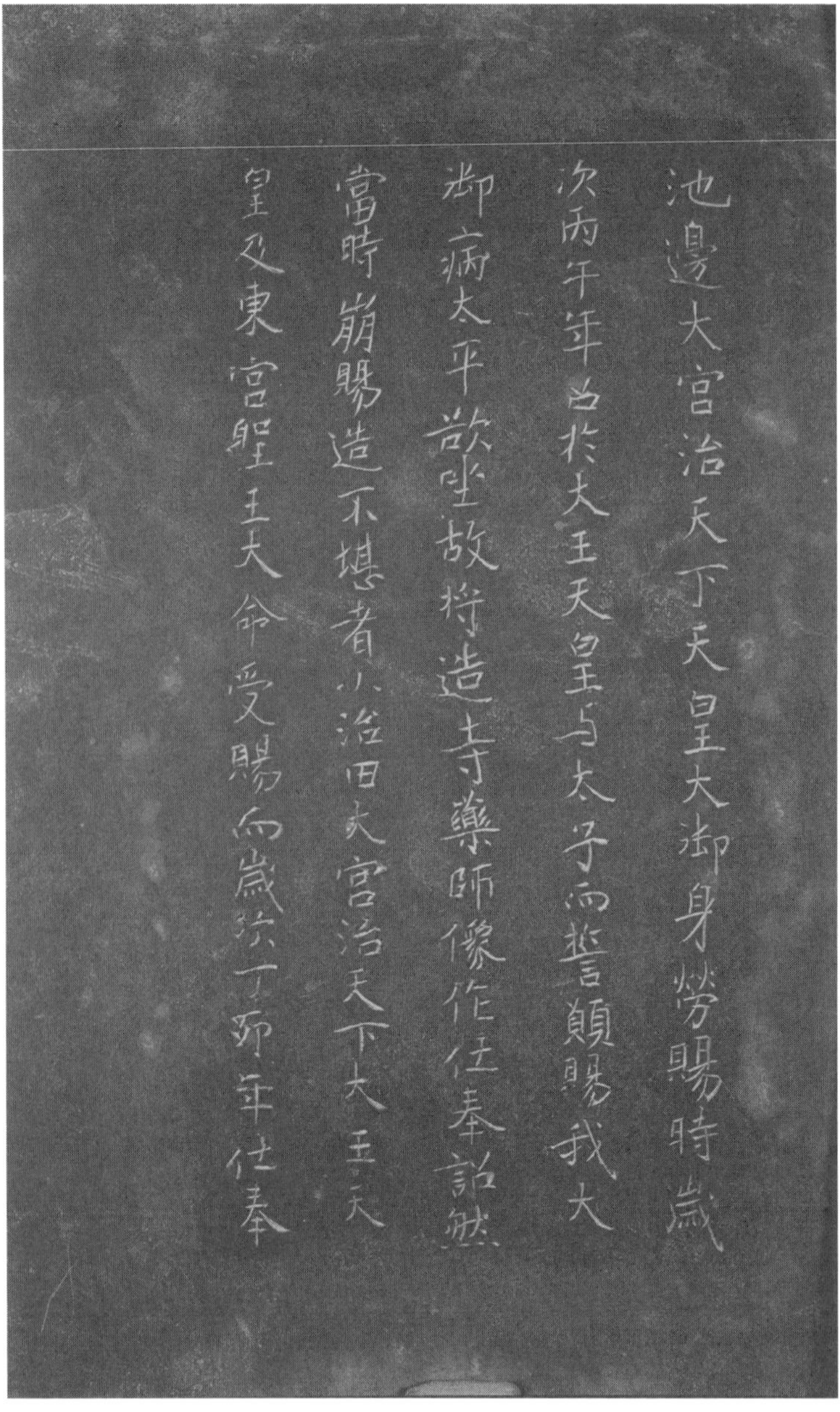
池邊大宮治天下天皇大御身勞賜時歳
次丙午年召於大王天皇与太子而誓願賜我大
御病太平欲坐故將造寺藥師像作仕奉詔然
當時崩賜造不堪者小治田大宮治天下大王天
皇及東宮聖王大命受賜而歳次丁卯年仕奉
薬師如来像光背裏面の銘文（法隆寺蔵）写真提供　飛鳥園

但し、現在まで、

「像の制作年代および銘文の記された年代を文字どおり推古天皇一五年とみなすことは福山敏男の研究以来、否定されており、実際の制作年代は法隆寺金堂『中の間』本尊の釈迦三尊像（推古天皇三一年・六二三年）より遅れるものとされている」

のように評価されている。

筆者は、この評価について福山氏らの主張には根拠がなく、現在までこれが論じられることなく、歴史家や研究家が福山氏らの主張を鵜呑みにして論じていることに唖然とする。

まず筆者の銘文の読み解きを説明する。

まずこれまでの読み解きの例を次に示す（『日本史　史料集』山川出版）。

「池辺の大宮に天下治しめしし天皇大御身労づき賜ひし時、歳は丙午に次る年、大王天皇と太子とを召して誓願し賜ひ、『我が大御病大平ならむと欲坐が故に、将に寺を造りて薬師の像を作り仕へ奉らむ』と詔したまふ。然るに当時崩じ賜ひて造り堪へずありしかば、小治田の大宮に天下治しめしし大王天皇及び東宮聖王、大命を受け賜はりて歳は丁卯に次れる年に仕へ奉る」

これによれば、明らかに《用明天皇》のために発願したとされている。

これ以外にも、国立博物館で開催された薬師如来坐像展示に関する説明（月刊 大和路ならら 二〇二一年四月号）でも同様な解説がなされている。

「（前略）金堂東の間の本尊薬師如来坐像（国宝）です。光背の裏面に銘文があり、用明天皇がみずからの病気平癒のために寺の建立を発願したものの（後略）」

それでは筆者の読み解きを紹介すると、以下の通りである。

光背銘文の内容について主要部分の意味を示す。

◎池邊の大宮

池邊（用明）天皇の大宮（皇太后）。池邊天皇の父（敏達天皇）の皇后であり、石姫皇女（宣化天皇皇女）

◎大王《おおきみ》

この銘文では、天皇よりも上位に位置づけられており、当時は蘇我氏が大王と考えられる

◎与（馬）太子

ここでは用明天皇の皇子であり、《聖徳》太子を表す

◎小治田《おはりだ》の大宮
小治田（推古）天皇の大宮であり、欽明天皇の皇后（堅塩媛、蘇我稲目の女）
◎東宮聖王
東宮（皇太子）で聖王、即ち《聖徳太子》を表す

以上から、銘文全文は以下の通りである。

「敏達天皇の皇后（石姫皇女）は、天下を治める天皇の御身（おんみ）をいたわり（労）たまう（賜）おり（時）、年（歳時）丙午《ひのえうま》に、おおきみ（大王）、天皇、馬太子を召し於き、そして（而）請願たまう（賜）、私は（我）天皇（大―地位・身分が高い）御病（気）が静かに治まる（太平）ことを無心に（坐）願い、よってまさに（将）寺を造り（造寺）、薬師像作りつかまつる（仕）と告げたその時（当時）、みまかり（崩）たまい、造るあたわず（不堪）時（者）、欽明天皇皇后（小治田大宮、即ち、堅塩媛）が天下を治める大王、天皇、東宮聖王（《聖徳》太子）命を（大命）受け賜い、そして年（歳次）丁《ひのと》卯《う》年に行い（仕）奉る」

先に挙げたように従来の読み解きをすると、

「用明天皇が自分自身である天皇を召し於き……」

という、文章として極めて不自然なものになってしまう。

また、池邊大宮が天皇の宮を意味するとすれば《宮》で十分であり、《大宮》と冗長に《大》を付ける必要などないはずであるし、他の例（七一、七二ページ史料の中央側の一行目）を見ても天皇の宮を《大宮》と呼ぶ習慣などないのではないだろうか？　同様の例は多く見られることを付記する。これらは極めて常識的な考えであると筆者は考えている。

要点を整理すると、以下は筆者の想像であるが、光背銘文を作るに当たり、作者が心掛けるのは、
①格調が高い
②簡潔・明瞭に意図を記す
③無駄な文字は含まない
④読むのに古典の素養を必要としない
など、分かり易く簡明に記述することであろう。

應地感放光顯譯也。□悟无常永厭有生。自却自塵境。鳳輦無□人歴千古。世移萬年。上宮院毀而無餘基。輦路荒而爲岳墳。沉々金地。積萬歟之曝骸。幽々寶庭。生千齡之緑苔。於是法師行信覩斯荒墟。流涕感歎。遂奏聞 春宮坊阿倍《アヘ》内親王。伏惟。春宮殿下智邁□□。徳倫舜日。佐機紫極。懼一物之失所。翼化丹階。選日授之。諧聽覽。餘暇寄心玄門。廣集法徒。將弘聖教。粤以天平十一年歳在己卯夏四月十日。即命正三位藤原揔前《フササキ》朝臣。敬造此院也。天平七年歳在乙亥十二月廿日。 春宮坊奉爲聖徳尊靈及今見天朝。講讀 法花經。施料衣服參拾領。生絹肆佰疋。調綿壹仟斤。長布伍佰端□□

法隆寺
聖徳院

賜也。 即被令旨。天平八年歳在丙子二月廿二日。

法師行信。孽皇后宮職大進安宿《ヤスカヘ》倍眞人等。請講師律師道慈法師及僧尼三百餘人。始講件經。所施賜衣服等施用已盡。以後天平十九年二月□攝津職攝津國延暦十三年停職爲國。住吉郡墾田地貳拾伍町。播磨國賀古郡墾田地壹佰町施納賜也。即時誓願。此事與天地而無絶。竝日月而長榮。縱該含識横窮稟氣同蒙此福。共證大覺。若誤此願不成所求。現□災難後生惡趣者也。從彼以來毎年請僧敬設法筵。講複相續。爰以天平十九年歳次丁亥十一月十一日。件法華修多羅欲成。官事之表。申送僧綱。即以件表。奏聞聖朝。乃十二月十四日被僧綱牒。偁。得玄蕃寮牒云。被治部省府偁。奉從四位下藤原朝臣八束口宣偁。奉 勅旨偁。大安 一寺所請攝論并修多羅宗隨精合。搆自今以後永爲恒例者。謹奉 勅旨。天平廿年歳在戊子二月廿二日。准元興寺等講複僧例奉行如件。

平城宮《ナラノミヤ》治天下 天皇 勅旨 要録嶋古本但聖武勅旨二字
奉勅 大僧都法師行信
造院司《ザウヰンシ》長官正三位巨勢奈弖麻朝臣屬正七位下平群朝臣豐成等
謹請官裁。造此院。并墾田等法師行信。

天平十九年二月廿九日三綱
上座僧法備
寺主僧令叙
都維那僧慈輪

○

福貴寺道詮傳

福貴道詮和尚。生國者武州。初居法隆寺。學三論無相教。盡二諦八不源。曰四河入海同從無熱池而出。七宗分鑣俱從三論而分。三論是七宗之本。諸宗是三論之末。最宗汲太子及惠慈之流。遠照龍樹提婆之宗義。更兼學眞言。時々行三密。嘉稱彌天下。 帝之皇子眞如阿闍梨歸依而受三論空宗於道詮也。昔行信和上卜閑居於太子之古跡。而見《マノアタリ》上宮荒癈之礎石。悲涙遮眼。頻廻再興思慮。奏聞 聖武皇帝。則勅命太政大臣房前《フササキ》天平聖代。遂修造功畢。然後又彼夢殿被侵百餘暦霜露。漸損而湖佛頂。邪俗嘲云。頗似灌頂職位。粤清和天皇御宇。道詮和上見彼上宮除構。悲嘆泣血重勵再興意樂。達中忠仁公。益加修覆畢。依之大衆擧造行信道詮兩像安置上院宮北壇。自爾至于今。旦夕燈華之供。及遠忌追福不懈。又道詮在存日。自革建和州福貴寺。使平居《ヤキヨ》荊蘇。抖擻阿練閣。唯開三學扉。坐禪法空床。自觀法性月。雖實陰遁棲寂。而人跡幽聞。法隆學問癈欲再揚法燈。遍淹太子之疏義。夏朝往還三經院。妙講讚三經。令被群下見聞。貴賤敢歸敬信伏。而調喇千古。豈遠望西天方是傳燈聖哲積命法匠也。有時道詮於福貴寺修求聞持法得。自然惠世言。本地慈尊當成佛。雖於

法隆寺東院縁起　後書（『大日本仏教全書　117』国立国会図書館デジタルコレクション）

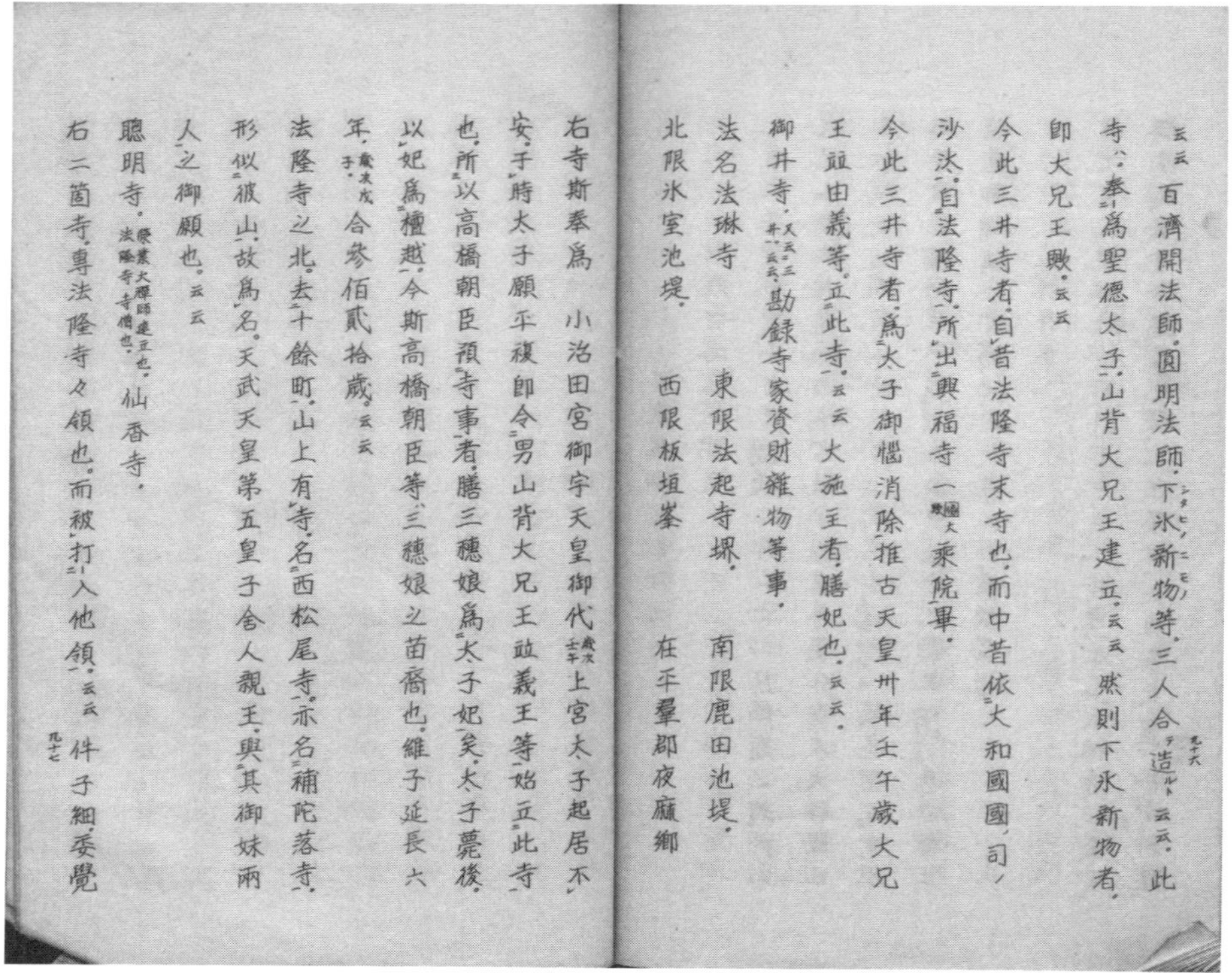
云云 百濟開法師・圓明法師・下氷新物等。三人合造 云云。此
寺ハ奉爲聖德太子、山背大兄王建立。云云 然則下氷新物者。
卽大兄王歟。云云
今此三井寺者。自昔法隆寺末寺也。而中昔依大和國司
沙汰。自法隆寺。所出興福寺一乘院畢。
今此三井寺者。爲太子御悩消除。推古天皇卅年壬午歳。大兄
王並由義等。立此寺。云云 大施主者。膳妃也。云云。
御井寺。天云三年云云。勘録寺家資財雜物等事。
法名法琳寺　東限法起寺堺。　南限鹿田池堤。
北限氷室池堤。　西限板垣峯　在平羣郡夜麻郷
九十六

右寺斯奉爲　小治田宮御宇天皇御代 歳次辛 上宮太子起居不
安。于時太子願平復。卽令男山背大兄王並義王等始立此寺
也。所以高橋朝臣預寺事者。膳三穗娘爲太子妃矣。太子薨後。
以妃爲檀越。今斯高橋朝臣等。三穗娘之苗裔也。維子延長六
年。歳次戊子 合參佰貳拾歳。云云
法隆寺之北。去十餘町。山上有寺。名西松尾寺。亦名補陀落寺。
形似彼山。故爲名。天武天皇第五皇子舎人親王。與其御妹兩
人之御願也。云云
聰明寺。慶景大禪師建立也。法隆寺寺僧也。　仙香寺。
右二箇寺。專法隆寺々領也。而被打入他領。云云 件子細委覺
九十七

『聖徳太子伝私記』（国立国会図書館デジタルコレクション）

池邊大宮 治天下天皇大御身勞賜時歳
次丙午年□（召）於 大王 天皇 与太子 而誓願賜我大
御病太平欲坐故将造寺薬師像作仕奉詔然
當時崩賜造不堪者 小治田大宮 治天下大王天
皇及 東宮聖王 大命受賜而歳次丁卯年仕奉

このような観点から四角で囲んだ部分に注目すると、まず、
●池邊大宮は（場所を指す）池邊宮を意味しない。《大》が冗長で不要な文字……用明
天皇を意味しない
●大宮とは皇太后の意味である

●大王天皇は天皇と同一ではない
●与太子ではない（「与」ではなく、文字としては《馬》である）
●馬太子（聖徳太子）と呼ばれている……祖母皇太后から馬太子と呼ばれているのは微笑ましい
●小治田大宮も同様に推古天皇の皇太后（母）と理解するのが最も合理的で無駄のない表現であろう。

以上が要点であるが、
☆《池邊大宮治天下天皇》を用明天皇とすると、以後の記述で《召於大王天皇馬太子》とあり、用明天皇が用明天皇を召す（召集する）という、文章記述としては成り立っていない。
☆天皇の他に大王がいた。
☆皇太后が、発願などの指示を大王・天皇・太子を招集して行っている……女帝が偉い。但し、最後の行では、《治天下大王天皇及東宮聖王……》との記述がある。これを何人の人と読むかについても少し考察が必要であろう。筆者は、

①治天下大王
②天皇
③東宮聖王

と見た。この場合、②と③の間が《及》で結ばれている。
①と②を一人の人物とも取れるが、筆者は英語表記、すなわち、①、②ａｎｄ③と同じであろうと考え、①～③は三人の人物を指すものと理解した。これとは別に、天皇を表すのに《治天下大王天皇》と表現していると解釈される専門家などもいるようであるが、これは余りに冗長で六文字も使うほどの敬語表現があるとも思えないし、また、作者が意図して冗長な表現をしたとは思えない。
漢文・英語表記についてはここで語る素養もないのでこれ以上の議論はしない（句読点は漢字のみの元の表記には現れない）。

いずれにせよ、少し説明が長くなったが、古代史における非常に重要な位置づけを持つ文章であると思い、これまでの解釈に対する問題点と本来の意味についてすべての疑問にお答えする意図であった。

以上の論点から、
☆《聖徳太子》は、十二歳の頃、馬太子と呼ばれていたなど興味深い事実が浮かび上がり、これまでの解釈にはなかった多くの史実が判明するのである。
以上が、まず、筆者が明確にした点である。

以下、繰り返しになるが、ここは歴史上も、歴史に対する取り組みにおいても重要となるので詳しく述べてみる。

筆者が見た範囲では、先に述べた福山敏男氏の研究以降、銘文に関する研究でなんら主要なものは現れず、この福山見解に見誤りがあったとすれば、古代飛鳥時代の貴重な史料の評価の機会が失われてしまったという事実である。

《像の美術表現形式論》評価はさておき、まずこの薬師如来光背銘文の内容がどのようなものであるかの解析も十分に行われた形跡が見られず、筆者には、日本歴史研究においてしばしば見られる《誰かが何かを唱えると、単にそれを踏襲する》という《定説化》が行われていると判断した。もう一つは研究対象として、正しいか否かは別として、すでに他の研究者が耕した田には立ち入らない……というような縄張り的な研究者意識が働いているのかもしれない。

「はじめに」で述べたが、これまで受け入れられてきたと思われる薬師如来像造像記を巡る経過と、筆者によるその評価を詳細に述べる。

では、福山敏男氏の主張をここで検証してみよう。

一九三五年、福山敏男氏は論文「法隆寺の金石文に関する二、三の問題」（『夢殿』一三号）において、本銘文中にある薬師如来像の造像・刻字の年代・六〇七年を否定しているが、その根拠の一つに銘文中の「天皇」の語を挙げ、「推古朝（在位・五九三年〜六二八年）にはないことでそれ以後のものらしい」としている。

この論法の欠点は、福山敏男氏が知る範囲で推古朝の後にしか《天皇》という語がないということであるが、まだ見つかっていないだけで絶対にないということにはならないのである。何事にも初出があり、主張としては甚だ研究者的思考が欠落している。言い換えれば、福山氏の知る範囲では、推古朝以降にしか存在していなかったという事実の陳述に過ぎないだけである。

むしろ、福山敏男氏の主張はそれまでの知識のみによる彼自身の見解に過ぎないのであるが、それ以降の研究者が彼の主張を結果的に鵜呑みにしていることは日本歴史研究界の本質的欠陥である。

さらに福山敏男氏は同論文において、

「薬師信仰は天武朝（在位六七三〜六八六年）に入ってから日本にもたらされたと考えられることから、薬師如来像及び光背銘の年代は、推古朝をはるかに降り、天武朝以降のものと考えられる」

と述べている。

この主張も、福山敏男氏が《考えられる》と主張しているが、これも甚だ根拠が薄弱と言わざるを得ない。極端に表現すれば、《自分が知らないから、そんなものはなかった》程度の主張であり、非科学的アプローチの典型で、自己の知らないものは否定する、という程度のものである（薬師信仰の存在は『仏像の歴史』久野健著〈山川出版社〉）。

さらに、彫刻様式について上原和氏は、「薬師如来像の顔立ちが金堂釈迦三尊像の細面に比べるとかなりふくよかである。飛鳥仏の特徴は『痩』、白鳳仏の特徴は『肥』であることから、現存の薬師如来像は白鳳文化の様式のものである」と述べている。

ここでは、法隆寺金堂の《釈迦三尊像》の釈迦如来の特徴が飛鳥仏の共通である……という極めて奇妙な論法である。この点については、主に三点の反論ができる。

①飛鳥仏であるとすれば、同一の特徴を有しなければならない？
②白鳳仏は「肥」の特徴を有する？
③仏像の持つ宗教とその精神性に対する考察は不要？

当時の宗教といえども、釈迦如来（釈迦牟尼＝仏陀）に対する精神性と薬師如来に対する精神性は明らかに異なる。釈迦如来に対する精神性は、長年の修行を経て悟りの境地に達した者への崇拝の念であろう。但し、すでに述べたように、法隆寺金堂の三尊像は筆者は釈迦牟尼ではないと考えている。

一方、薬師如来に対しては、病気平癒や一族の安寧など明らかに崇拝する人達の現世利益を求めるものであろう。その薬師如来が、見かけにせよ《痩せ》ているのは、健康・安寧の観点からもあまり相応しいとは思えない。むしろ、少し《ふっくら》として拝む者達に安心感を持たせるのが自然である。薬師如来とされる像をご覧になった方は、痩せた薬師如来だったでしょうか？　自然にそういう疑問が湧くのは当然である。

この観点からすれば、これまで《釈迦如来像》と命名されてきた像の中には、本来の造像意図から見た時には、《薬師如来》と呼ぶ方が適切とも思われる像も存在する可能性がある。

以上のように、同時代に造られた仏像が同じ風貌を持っているはずである……という主張はあまりに皮相的、かつ一面的な見方に過ぎないであろう。仏像とはいえ、庶民が拝み・祈る対象としての精神性が込められていない……というのは、単に美術品と制作者の作風だけで評価するのみで、宗教としての背景や精神性をあまりに蔑《ないがし》ろにした主張である。

また薬師如来像が用明天皇の……という主張がなされているが、用明天皇の崩御へ至る経緯は、明らかに仏像を造立して病気平癒を願う状況ではなかった（大嘗祭で倒れ、五、六日で没している、ということになっているが……）。

用明天皇の前には、五七二年に敏達天皇が即位する。

敏達天皇一三年（五八四年）、百済から来た鹿深臣《かふかのおみ》が弥勒の石像一体、佐伯連が仏像一体を持っていた。それを馬子が請うてもらい受け、司馬達等と池邊氷田《いけべのあたいひた》を派遣して修行者を探させたところ、播磨国（一説によると赤穂郡矢野庄）で高句麗人の恵便《えべん》という還俗者を見つけ出した。馬子はこれを師として、司馬達等の娘の嶋を得度させて尼とし善信尼《ぜんしんに》となし、更に善信尼を導師として禅蔵尼、恵善尼を得度させた。馬子は仏法に帰依し、三人の尼を敬った。馬子は石川の邸宅に仏殿を造り仏法を広めた。

敏達天皇一四年二月（五八五年）、馬子は病になり、卜者に占わせたところ「父の稲目の時に仏像が破棄された祟りである」と言われた。馬子は敏達天皇に奏上して仏法を祀る許可を得た。ところがこの頃、疫病が流行り、これが原因で物部氏との確執が生じ、敏達天皇の心労が重なることになったのである。

このような記録に基づき、光背銘文に記された内容と重ね合わせると、

☆薬師如来像は（当時の皇后が）敏達天皇の苦労を労り、平癒を願って発願されたという明白な解釈ができる。

それが証拠に、敏達天皇の没後二年で丁未の乱が起き、蘇我氏と物部氏が争い物部氏が滅ぶ、という事態が生じている。想像するに、敏達天皇によって蘇我氏と物部氏の間の微妙なバランスが保たれていたことが、敏達天皇の死によって戦乱の幕を開けたとも言えるのではなかろうか。

本章で考察した結果は、用明天皇であるとした従来の解釈では多くの矛盾や疑問があるが、敏達天皇とすることにより時代背景も含めてより合理的な説明ができた。

6 斑鳩宮の終焉と仏像達の数奇な運命
——鵤大寺・法輪寺・法隆寺

すでに述べたように、現法隆寺の伽藍及び付近から寺院伽藍跡や斑鳩宮と思われる遺跡が発掘されている。また、この遺跡の瓦などに焼成の跡が残っており、『聖徳太子伝暦』に言う、西暦六四三年一一月一日に蘇我入鹿が山背大兄王らを襲い、上宮王家は滅亡したとされるのも、信憑性が高い。

その襲撃の結果と思われるいくつかの事実が存在する。

詳細を調べる前に時間の流れを整理しておくと、

五七四年　聖徳太子生まれる
五八六年　鵤大寺建立と薬師如来像造立の発願
六〇一年　斑鳩宮造営
六〇五年　太子斑鳩宮に遷居

六〇七年　斑鳩寺と薬師如来完成
六二二年　聖徳太子死去
六二三年　釈迦三尊像完成
六四三年　斑鳩宮（鵤大寺伽藍含む）を蘇我氏が急襲し焼失

となっている。

従って、薬師如来像と釈迦三尊像は《若草伽藍》から運び出されてどこかに保管された。

この点について、西岡常一氏らは著書（『法隆寺　世界最古の木造建築』草思社）の中で、「（法隆寺）金堂では……三組の本尊を安置しました。いずれも法輪寺から運びました」と記されている。

法輪寺は法隆寺の東北東方向にある比較的近い寺院であり、六四三年には存在していたと思われる（筆者は六二二年創建だと推定している）。七世紀の半ばに多くの寺院があったわけでもないだろうから、

☆鵤大寺から運び出された仏像達が修理などされたうえで築造なった現・法隆寺の金堂に搬入された

と考えていいであろう。

もう一点、法輪寺には、多くの木製仏像が残されている。

なお、本尊は薬師如来坐像（木像）であり（次のページ）、この薬師如来坐像は、かの鞍作止利（止利仏師、鳥仏師とも）制作であると伝えられている。鵤大寺にあった金銅製の薬師如来座像と釈迦三尊像も造像記に鞍作止利と銘記されているので、これらの像の制作者もしくはその関係者が修理したことも当然あっただろう。法輪寺にはこの鳥仏師を中心とした仏像の工房があり、相当数の技術集団が制作に当たっていたと想像される。もちろん、金銅仏と木像を専門とする少なくとも二つのグループが存在していたであろう。

法輪寺は、当初の工房から寺院へと変遷し、平安時代まではこの寺院にある木像群の制作が行われていたのだろう。特徴的な木像群であり、虚空蔵菩薩立像（八六ページ）と現法隆寺にある百済観音像（九三ページ）には筆者には類似性が感じられる（もちろん、造像目的の差異はあるのでお顔などに相違があるのは当然であるが、両者の光背の色彩などに類似点が見られるのではないだろうか。百済の仏師が制作した優雅な一面を感じる）。

実際、現在の法隆寺金堂に祀られている像は、

◎薬師如来像の金銅製銘板は後代に制作された（奈良文化財研究所による鍍金分析）

◎釈迦三尊像の釈迦像光背先端部が折れ曲がる

本尊　薬師如来坐像
（法輪寺蔵／飛鳥時代　重要文化財）写真提供　飛鳥園

虚空蔵菩薩立像
（法輪寺蔵／飛鳥時代　重要文化財）写真提供　飛鳥園

という、これまで指摘されていた事実も鵤大寺焼失の際に急いで運び出された際の破損と、後代の修理と考えれば納得できるものである。また、三尊像を正面から見ると、向かって左にある脇侍（薬上菩薩像）と中央の釈迦像の頭部は表面が明らかに他の部分と異なっていると思うが、筆者の思い過ごしであろうか。

両者ともに、本年に公開されて筆者が見ることができ確認することができた。特に薬師如来像は周囲から観察できたが、筆者にはその銘板は想像以上に美しく思えた。くっきりとした銘板に刻まれた造像記を確認できたのは幸運であった。

もう一つは、現中宮寺にあるとされる《天寿国繍帳《てんじゅこくしゅうちょう》》である（奈良国立博物館に寄託）。これは鎌倉時代まで法隆寺の綱封蔵にあったとされ、現在の形は断片になったものを江戸時代に繋ぎ合わせたという。そこにもなんらかの意図を感じざるを得ない。なお、「天寿国繍帳」とは「聖徳太子が往生した天寿国のありさまを刺繍で表した帳《とばり》」の意であり、「天寿国」とは、阿弥陀如来の住する西方極楽浄土を指すものと考証されている。この繍帳は太子の妃・橘大郎女《たちばなのおおいらつめ》が天皇の勅許を得て采女達に命じ制作させたもので、蘇我氏が斑鳩宮を急襲した時には存在していたものであろう。興味ある読者は『平成の出開

帳
法隆寺秘宝展』（小学館）などをご参照ください。

第一圖　中宮寺天壽國繡帳（飛鳥時代）

中宮寺　天寿国繡帳（『日本染織工芸史 上巻』国立国会図書館デジタルコレクション）

以上は、蘇我氏の手による聖徳太子に関する事物を意図的に、例えば釈迦三尊像のうちの釈迦像は太子に似せて造られたものであり、像の頭部は《敵将の首を取る》と考えられなくもない。

本書で注目している薬師如来像と釈迦三尊像は鵤大寺から運び出され、法輪寺に運び入れられて、(同寺で造像していた止利仏師とそのグループによって) 修理を終えて現法隆寺の完成に合わせて金堂に祀られたものと推定される。但し、これらの像達は現在の法隆寺金堂の規模から見て若干小さく思える。法隆寺の金堂はもう少し寸法の大きな仏像を収容して祀ることができるように設計されたものかもしれない。

なお、現法隆寺にある《百済観音像》について、制作は七世紀中頃から見て鵤大寺にあったものとするのが自然であるが、江戸時代に至るまでどこに保管されていたか、その経緯など、現時点で議論できる材料はほとんどないというのが実情である。但し、この像も鵤大寺に祀られていたものとすれば、鵤大寺の炎上に際して、避難した際に、造像記が記された板と像本体が別々になってしまった可能性も否定できないであろう。

法輪寺は当初三重塔がある伽藍であり、最盛期には法隆寺の三分の二程度の広さもあったようである。後代に焼失し、三重塔は再建されたものであるが、再建に当たっての発掘調査も行われており、六世紀後半の柱跡も確認されている。筆者がすでに述べたように、当寺が寺院とされる以前には、鞍作止利を中心とする仏師達が仏像制作に関わる場所でもあったろうと推定している。

八尾市（平野区）には百済からの渡来の技術集団がいたと思われる「鞍作《くらつくり》」と呼ぶ地域もあり、距離的にこの法輪寺とはかけ離れたものでもないし、若草伽藍への距離感にも問題はない。その後、山背大兄王などの発願で寺院伽藍として整備されていったと考えるのが自然であろう。現時点では、六世紀後半にこの場所以外に鵤大寺と並行して薬師如来などが制作されていたと考えられる場所に該当するものはない。法輪寺に残された仏像や鵤大寺の焼失時に祀られていた像達（薬師如来坐像、釈迦三尊像）が避難・収容・修理された場所はあったはずであり、他に候補が発見されれば見直さねばならないが、すでに述べた発掘調査の結果などが示唆する通りであろう。

以上、興味ある方は、「法輪寺三重塔調査報告書」（昭和四七年一二月、財団法人観光資源保護財団）などを参照ください。

現在、静かな佇まいを見せる法輪寺が、古代の仏師達が活躍したところなのだと、時の経過を遡って空想するのも歴史を紐解く楽しさの一つと筆者には感じられる。

7　発見！百済観音出自
――斑鳩の怨霊と仏像達（百済観音と救世観音）

法隆寺には東院伽藍夢殿に、聖徳太子の像として永らく秘仏であった「救世観音像」がある。この像は怨霊の像とも言われ、数百年に亘って布に巻かれたままで見ることは叶わなかった。

明治時代、明治政府の依頼を受けて法隆寺の宝物調査に訪れたフェノロサは岡倉天心とともに法隆寺に出向き、救世観音像の厨子を開けて見せるよう要求した。法隆寺側はそれまで言い伝えられてきた《怨霊伝説（地震・落雷など天変地異が起きるなど）》を説明したが、フェノロサらは開けるように命じ、法隆寺側も厨子の鍵を渡すと僧全員が夢殿から退散したとのことである。フェノロサらは厨子を開け布巻きにされた像から布を取り去ったが、巻かれた布の長さは、約四五〇メートルあったそうである。もちろん、天変地異などは起きなかった（厨子自体も布で巻かれていたそうで、なんとか怨霊を閉じ込めたいと思ったことが窺われる。この厨子は現在救世観音像が納められている厨子とは異なり別の堂に保管されている)。

フェノロサは、明治初期の廃仏毀釈運動によって寺院や仏像などへの破壊行為が行われることについても政府に止めるよう申し入れたことでも有名である。明治維新後は奈良の古刹にも厳しい時代で、興福寺の五重塔(現国宝)も寺の財政難から売りに出され、倒そうとしたり、燃やそうとしたりもされたがなんとか無事に生き残り、現代の我々もその雄姿を見ることができる(ちなみに、五重塔は二五〇円で買い手がついたとのこと)。

もう一つは、筆者は最近まで知らなかったが、「百済観音」と呼ばれる美しい長身(約二メートル一〇センチほどの長身)に纏わる伝承である。

まず、この「百済観音像」(次のページ)についてであるが、実はこの像は国宝でもあるが、像自体についてはその由来はよく分かっていないようである。その呼び名も時間とともに変遷しているようで、法隆寺の根本史料である天平一九年(七四七年)の『法隆寺資財帳』(法隆寺伽藍縁起并流記資財帳)には百済観音に相当する仏像についての記載はない。一一世紀後半成立の『金堂日記』には、当時法隆寺金堂内にあった仏像に関する詳細な記録があるが、ここにも百済観音に関する言及はない。いつ、どこの寺院から、いか

百済観音像（法隆寺蔵／飛鳥時代　国宝）写真提供　飛鳥園

なる事情により移されたかについては諸説あるが、正確なことは不明であり、その由来についても全く伝承がないとのことである。

近世から明治時代まで、法隆寺ではこの像を観音ではなく「虚空蔵菩薩」と呼んでいた。これは虚空蔵菩薩を聖徳太子の本地とする信仰に基づくものと思われる。明治一九年（一八八六年）、宮内省、内務省、文部省による法隆寺の宝物調査が実施された際の目録には「朝鮮風観音」とあり、この頃からこの像を「観音」と見なす説のあったことが分かる。この「朝鮮風観音」という名称については、確証はないが、当時奈良地方の文化財を調査していた岡倉覚三（天心）の発案によるものかと推定されている。高田良信氏によれば、正式には「木造　観音菩薩立像」と呼ぶべきとされている。一部には、この像が左手に《水瓶《すいびょう》》を持つ姿から、俗に「酒買い観音」と呼ぶむきもあったらしい。しかし、よく寺の山門には、酒を飲んで入ってはならない、とも書かれているが……。

怨霊伝説のうち、救世観音に関するものは、この像自体が聖徳太子に似せて造られ、太子の怨霊が取り沙汰されているということである。これは、実は太子自身の死に関わることを意味し、法隆寺金堂の釈迦三尊像光背の造像記が、太子の死についても記述しているので、当然、太子の死が《病死》など、自然死ではなかったことを暗示するものと考えるのが自然であろう。

筆者が奈良の古書店から買い求めたある資料（『法隆寺考古展』橿原考古学研究所附属博物館）から思わぬ展開となった。実は、この「百済観音」の由来が書かれたと思われる記録を偶然に発見したのである。スリムで「百済観音」にふさわしいものである。

◎造像記銅板

銅造　鍍金

縦23・1㎝　横5・0㎝

飛鳥時代後期

金銅製・鍍金の銘札はもと観音菩薩像に付属していたものである。銘文は表面3行69文字、裏面1行13文字を陰刻している。

表面

甲午年三月十八日鵤大寺徳聡法師片罡王寺令弁法師

飛鳥寺弁聡法師三僧所生父母報恩敬奉観世音菩薩

像依此小善根令得无生法忍乃至六道四生衆倶成正覺

裏面
族大原博士百濟在王此土王姓

「甲午年三月十八日鵤大寺徳聡法師……族大原博士百濟在王」と記されている。年号を知る記述は《甲午年》である。これには三通りの説（六三四年、六九四年、七五四年）があるようだが、この結論は比較的容易に得ることができる。何故なら、この記録に《鵤大寺》と書かれているからである。六〇通りの干支による年号は六〇年サイクルで同じものが繰り返される。

すでに述べたように（巻頭の年表参照）、鵤大寺は、

◎六〇七年建立
◎六四三年炎上

なお、鵤《大》寺は鵤大寺と同一である。《大》は奈良時代の規模の大きな寺院に共通して付いたものである（西大寺など）。

右から明らかなように、この鵤大寺が存在していた事実があったのは一つだけ、即ち、
◎造像記銅板の年号は六三四年

が結論であり、三通りの説がどのような根拠で議論されていたのか、これについても疑問を感じてしまう（ここでも六九四年説をかの福山敏夫氏が主張されていたようであるが、これも根拠が不明な説に筆者には思える）。

さて、法隆寺の二つ目の怨霊伝説について簡単に述べる。

この怨霊伝説について、高田良信氏が述べたものである。

「かつて大阪で万国博覧会が開かれた時、東京国立博物館の模像が同会場内に展示されることとなった。ところが模造して約半世紀も経っているため色彩も剥落しているから、展示に先立って法隆寺の像と対照して色合わせをしようということとなり、本像と模像のご対面となった。その時色合わせの作業をする年老いた仏師（名前は知らないが）が作業を始めるに当たって私たちのところへやってきて、『実は私はこの仕事にはあまり気が進まないのです。以前この模像を造った時、不思議なことに、その関係者が相次いで不幸に見舞われることがありました。しかし今回は模像を造るのではなく、ただ色合わせをするだけですから、そう心配はしていないのですが」というのである。そういえば確かにその頃、法隆寺の重鎮であった坊さんの一人が亡くなっているが、私はさほど気にもとめず、偶然が重なったのであろうと聞き流すこととした。

ところが、その作業が無事に終わって間もなく、その仏師が亡くなったという知らせを受けたのである。仏師の言業は私たちだけでなく、万博の関係者も確かに聞いていたはずである。私はこれを、ただ偶然ということですますには余りにも不可解な何かがあるように思えてならない。これとよく似た話に、鎌倉時代に夢殿の救世観音の模像を造った仏師が即刻死亡したという不思議な話を思い出すのである。私はこの像を拝するたび、仏師のことを思い出し、ただその冥福を祈らずにはおられない」（『法隆寺の秘話』小学館）

先に述べた斑鳩宮が襲われた際に鵤大寺も炎上したことや、鵤大寺に対する当時の百済との関わり合いが強かったことなどを重ね合わせると、当時百済の僧達に悲劇が起きてしまった可能性も考えられる。これについて《怨霊伝説》が生じた可能性が十分にあったであろう（ちなみに、蘇我氏は当時、高句麗の文化に傾倒していたということもあったらしく、百済・高句麗という図式があった可能性も指摘しておく）。

余談であるが、戦後昭和二七年（一九五二年）に行われた日韓会談の一項目として《文化財返還》が議題となった。日本が朝鮮から持ち帰った文化財を返却するというものである。その際、法隆寺の百済観音を返還せよ、という提案があったらしい。しかし、調査によって、使用されている材料は紛れもなく日本製で、日本で制作された朝鮮系仏像であると分かる（『カラー大和路の魅力　斑鳩』原田伴彦著他／淡交社）。

前述の通り、《法隆寺資財帳》などの古い記録には法隆寺にあったとの記録がなく、江戸時代になって初めて登場している。

鵤大寺の炎上により同寺から避難し、その際に造像記と離れ離れになって、どこにあったかは定かでないが、斑鳩のどこかに保管され、江戸時代に法隆寺に移されたと思われる。百済観音が鵤大寺に纏わる仏像で百済の僧達の発願で制作されたことを考えると、当然法輪寺にあったであろう鞍作止利のアトリエ（工房）で制作されたとみて間違いないであろう。

筆者は百済観音像には、法輪寺で拝観した「虚空蔵菩薩像」との共通点を感じた。それは二つの仏像の光背に描かれた色彩である。

丁度原稿を終えることができ、ホッとした数日後の五月二九日、ＮＨＫ（大阪）が『法隆寺１４００年の祈り』を放映した。その中で、救世観音と百済観音について、興味深い事実が示されていたのである。この百済観音像に装着された腕釧《わんせん》と、片岡《かたおかの》御《み》祖命《おやのみこと》が山背大兄王の追善供養のために奉納したとされた灌頂幡《かんじょうばん》は、デザインや寸法が同一であり、これらが同じ工房で制作されたものと考えてよい……という、ある意味、物証である。この見解からすると、鞍作止利工房・山背大兄王・法輪寺という繋がりがここでも示されている。

いずれにせよ、本書により、凡そ一三五〇年後に百済観音が、出自を示す造像記と出会った瞬間をお伝えすることができたのである。

8 蘇我氏と飛鳥時代初期王朝から奈良時代末

薬師如来坐像の光背銘文から見ると、当時は、女性が（表面的には）主役を演じていたようであるが、これは卑弥呼以来の政権運営手法であったと思われる。（蘇我氏との関連は別として）「魏志倭人伝」によれば、卑弥呼の死後、倭国が再び乱れ、《台（壱）与》を女王として立てて収まったとある。まさにこの運営手法そのものである。

蘇我氏は主に娘を天皇に嫁して実権を握るという形式を維持した。

実は、同じ手口が藤原氏により継承され、なんと明治維新まで五摂家として隠然と政権の中枢にいたのであるから、この手法が非常に上手く機能したのであろう。

現代、女性天皇について議論があっても、

◎かつて女性天皇もいた

程度の認識であるので、奈良時代（歴史的に明確な）推古天皇から称徳天皇に至る女性天皇の実績を次のページに示す。まさに時代の半分以上の期間は女性天皇が占めており、

☆女性天皇は六名（重祚はカウントしない）

☆推古天皇は三五年以上

☆二人が重祚（二回即位）

☆太后として男性天皇の上位に君臨した女帝もいた

といった特徴がある。これは、女性天皇自体、堂々たる実績を積んだのであり、男性天皇の《繋ぎ》で天皇であったという主張は当たらない。

この他に、この頃の男性天皇に関する次のような事実がある。

☆飛鳥時代の権力の中枢地であった飛鳥地域に宮を持った男性天皇は非常に少ない。

☆男性天皇には宮の《徘徊》が多く見られる。あの聖武天皇すら宮を遷し、大仏も紫香楽宮に造営しようとしたくらいであり、《容易に》飛鳥には入れなかった、と見るのが妥当であろう。

以下具体的に見てみる。

奈良時代までの女性天皇一覧表

代	名	読み	在位年	在位期間	続柄	配偶者	生没年	後継継承
33	**推古**	すいこ	592年〜628年	35年5か月	第29代欽明天皇皇女	第30代敏達天皇	554年〜628年	崩御
35	**皇極**	こうぎょく	642年〜645年	3年5か月	第30代敏達天皇男系曾孫	高向王 第34代舒明天皇	594年〜661年	譲位
37	**斉明**	さいめい	655年〜661年（重祚）	6年6ヵ月			594年〜661年	崩御
42	**持統**	じとう	690年〜697年	7年6か月	第38代天智天皇皇女	第40代天武天皇	645年〜703年	譲位
43	**元明**	げんめい	707年〜715年	8年2か月	第38代天智天皇皇女	草壁皇子	661年〜721年	譲位
44	**元正**	げんしょう	715年〜724年	8年5か月	第40代天武天皇男系孫 第43代元明天皇皇女	（生涯独身）	680年〜748年	譲位
46	**孝謙**	こうけん	749年〜758年	9年1か月	第45代聖武天皇皇女	（生涯独身）	718年〜770年	譲位
48	**称徳**	しょうとく	764年〜770年（重祚）	5年9か月			718年〜770年	崩御

次のページの一覧表に示した通り、男性天皇が即位し宮を設けた場所等全体を眺めると、宮は複数あり、在位中に遷宮している天皇が多いようである。なぜこのように遷宮する必要があったのだろうか？　実際、飛鳥奈良時代の男性天皇で飛鳥に宮を持っていた天皇はほとんどいない。

このような状況を端的に示す例を次に示す。

◎白雉四年（六五三年）中大兄皇子は飛鳥に遷ることを孝徳（天皇）に奏請し、孝徳がこれを拒否する……

これは、『皇子たちの悲劇　皇位継承の日本古代史』（倉本一宏著／角川選書）七四ページの記述からのものである。乙巳の変（かつて《大化の改新》と呼ばれた）で蘇我入鹿を誅殺したはずの中大兄皇子ですらこのような具合だったのである。《変》というのは、下位の者が上位の者を倒した時によく使われるものである。すなわちこの変とは、まさに、《下剋上》であったと考えるのが妥当であろうから、中大兄皇子は力で天皇という地位を獲得したわけである。

歴史上は、天皇になる人物が蘇我入鹿を直接殺戮したせいか、中大兄皇子はその後、天皇として即位するまでに一七年を要している。また筆者は、何故、中大兄皇子が直接手を下したのか、共謀し、その後権勢を振るった中臣鎌足がしたのではなかったのか。日本書紀の編纂が開始されたのが天武朝であること（完成は七二〇年、元正朝）や、その作業に当たった中心人物が藤原不比等であったことが何かを暗示しているような気もする。

奈良時代までの男性天皇一覧表

天皇名	在位期間	宮
欽明		磯城嶋金刺宮
敏達	572～585	百済大井宮 訳語田幸玉宮
用明	585～587	磐余池辺双槻宮
崇峻	※馬子により暗殺	倉梯宮
舒明	629年1月4日～ 641年10月9日	飛鳥岡本宮 田中宮 厩坂宮 百済宮
孝徳		飛鳥板蓋宮 難波長柄豊碕宮
天智		近江大津宮
天武		飛鳥島宮 飛鳥岡本宮 飛鳥浄御原宮
文武	異例の14歳の若さで即位 （後の院政形式の始まり）	
聖武		平城京→恭仁京 →難波京→ 紫香楽京→平城京
大炊（淳仁）		保良宮
光仁	61歳で即位	

いずれにせよ、推古天皇以降、女帝天皇が、
①在位期間のほぼ半分の期間を占めていること
②男性天皇にはない重祚が女性天皇に繰り返されていること
③皇太后としての権威を持った女帝もいた
など、実質的には女性天皇を中心として政権運営が行われていたことは否めない。

その実態を示すように次のページに示した表を見ると、主な令・制度の制定は、ほぼ女性天皇（太上天皇も含めてよい）の時代に行われている。一方、男性天皇の時代には政治的混乱が窺えるのである。

筆者は現在、天平時代に興味を持っているが、この華麗と言われる天平時代はまさに女帝（光明皇后や称徳天皇）が強大な権力を持っていた。特に光明皇太后は紫微中台という、天皇の裁可を必要としない（藤原仲麻呂をトップとする）行政・軍事組織を持ち、天平時代の光の陰で陰惨な権力闘争が繰り広げられていた事実を目の当たりにしている。この紫微中台という組織は、まさに奈良時代、いやその後も含め最強の実力組織であったと思う。

なお、宮の場所を飛鳥を中心とした奈良に求める一部研究者もいるようであるが、あまり根拠のない議論である印象が強い。例えば《百済宮》である。奈良県北葛城郡広陵町

（昭和三〇年に馬見町・瀬南村・百済村が合併して広陵町となる）と推定されている。河内には、百済郡や百済川などもあり、この辺りに宮を求めても問題はないであろう。

当時の婚姻について観ると、男性側からの《通い婚》が普通でもあったらしいので、何も皇后のいる飛鳥に住むこともなかったのかも知れないことを付記しておく。

令・制度などの発布一覧表

天皇	令・制度制度などの発布	主な出来事
推古	冠位十二階制定 十七条憲法	
皇極		
孝徳	改新の詔	乙巳の変
斉明		
		壬申の乱
天武		
持統	飛鳥浄御原令施行	
文武 （持統が太上天皇）	大宝律令	
元明	和同開珎 『古事記』撰上	
元正	養老律令制定 『日本書紀』撰上	
聖武	墾田永年私財法	長屋王の変 藤原広嗣の乱
孝謙	養老律令施行	
淳仁		藤原仲麻呂の乱
称徳		
光仁		

9　馬太子は河内から大和へ
――馬とともに（馬は東国から）

聖徳太子が誕生したのは五七四年とされているが、生まれたのはどこだったのだろうか。太子の歴史的な評価や太子信仰に比して、生誕地についての議論は少ない。飛鳥にある橘寺をその地とする向きもあるようである（詳しくは『聖徳太子と斑鳩三寺』千田稔著／吉川弘文館）。

筆者は次章で述べるように、本章では、

◎生誕地と墓のある地との関係から少し考察してみたい

聖徳太子については伝承も含め《馬》との関係が極めて強い。すでに述べたように、幼少の頃も《馬太子》と呼ばれていたようであるから、幼い頃から身近に《馬》というものが存在していたと考えても誤りではないだろう。

筆者は幾度か飛鳥の地を訪れた。また、《橘寺》についても注意深く近辺も含めて歩いてみたが、《馬》という存在の影は見当たらなかった。

ここで筆者の小さい頃からの経験によれば、《馬》を飼育したり飼ったりする際には次のことが必要であろう。

◎厩舎とともに馬が駆ける場所（馬場なり牧など）

これは牛とは異なる条件が必要であることを意味している。牛の場合、ほとんど牛舎に繋ぎ止めておくことができるので、牛が運動する広い場所は普通の場合必要はないであろう。

この観点からすると、飛鳥には少なくとも《馬》に纏わる伝承や遺跡、牧などの馬飼育を想定させる地名など残されていない。

ちなみに、よく知られているように、古代倭国に馬はいなかった……旨の記述が「魏志倭人伝」に書かれているので、後の馬という動物は渡来のものである。五世紀頃に、朝鮮半島の北部から日本に馬がもたらされていたとも言われているので、それ以前の時代に飛鳥に馬がいたという可能性はほぼない。

では、聖徳太子が生まれた地についてどのように考えればいいのだろうか。

筆者は、奈良で知人から資料などの収集にいい場所として奈良県立情報図書館を紹介され、早速出向いてみた。丁度この《馬問題》が頭にあった数週間前のことであった。

何気なく古代史の棚を閲覧するうちに、古代の《馬》に関して書かれた本に出会った。『馬の考古学』（右島和夫監修／雄山閣）という分厚い解説書であった。

この本の目次に、筆者が目を見張る見出しがあったのである。

「日本に伝えられた馬文化　河内の牧の成立とその役割」

これが、これまで朧気ながら描いていた河内と大和を結び付けてくれたのである。ページ数の都合もあり、手短に要約すれば、
◎朝鮮半島から馬がもたらされた
◎河内では牧など馬の飼育が盛んに行われた
◎河内は大和への馬の供給地であった
◎河内では馬に関わる馬具などが生産された
〈《鞍作》など地名からも分かる。蘇我入鹿も鞍作の名を持っていたらしい〈蘇我林臣鞍

作〉。これは蘇我氏が百済と密接な関係を持っていたことを示している）

◎古代奈良における馬は、ほぼ東国産のものなど、抱いていた疑問にすべて答えてくれる内容であった。当時の河内は河内湖と呼ぶ大きな湖の岸にある（左の当時の地図参照）と同時に、大和川のように内陸との水運により斑鳩などにも容易にアクセスできた。

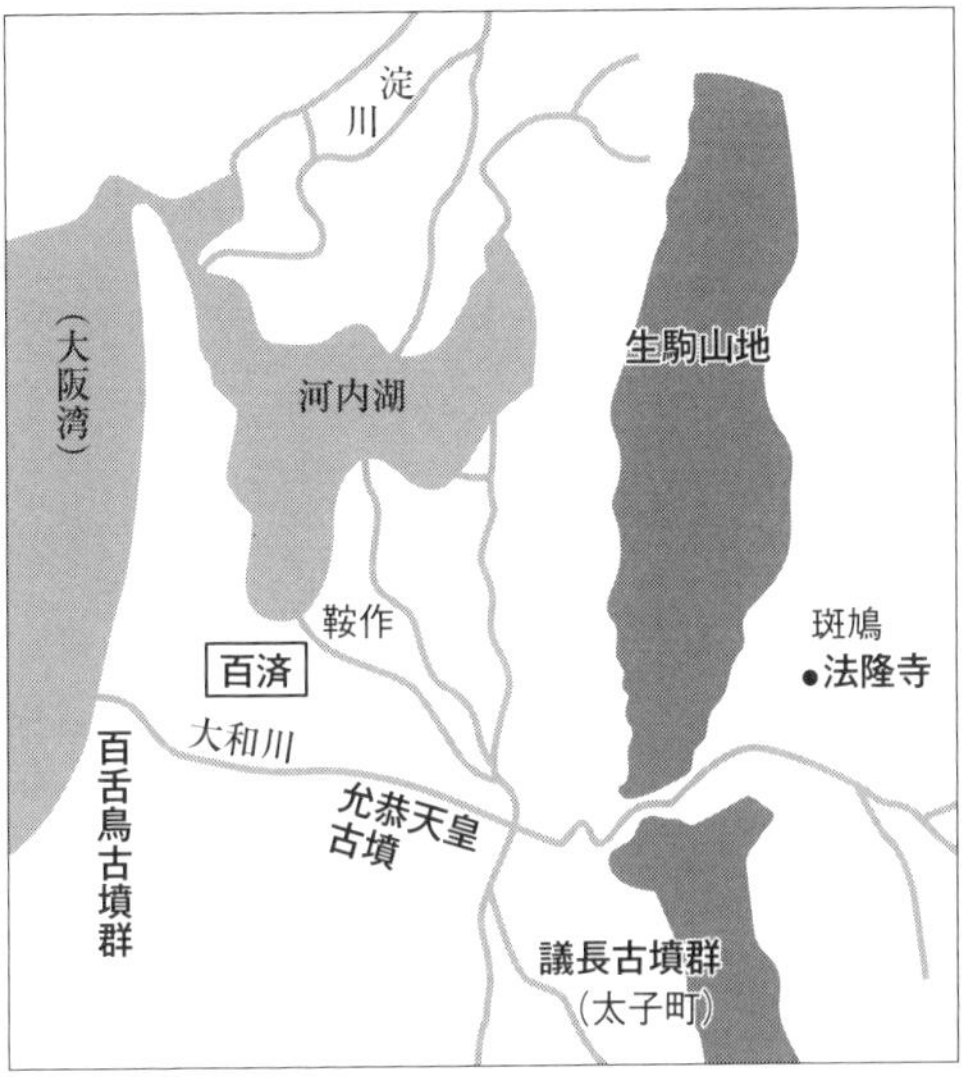

河内湖周辺地図

聖徳太子が馬好きであったのは有名であり、黒駒と呼ばれる甲斐国司から送られた馬が愛馬で、調子丸（調子麿・百済の聖明王の甥）という従者の名とともに伝えられている。

直接ではなく若干時代は下るが、興味あるデータが「奈良文化財研究所学報第17冊　藤原宮跡出土馬の研究」に掲載されている（次のページの「藤原宮出土馬集団の推定産地」）。同資料から明らかなように、大和・藤原京から発掘された馬の遺骨の分析結果では、すべて東国を産地とすることが示されている（確かに、《群馬》などの地名は文字の通りである）。

従って、大和飛鳥に古来独自の馬の産地があり飼育されていたとは考えられず、河内を経て他地方の馬が流通していたと考えられる。

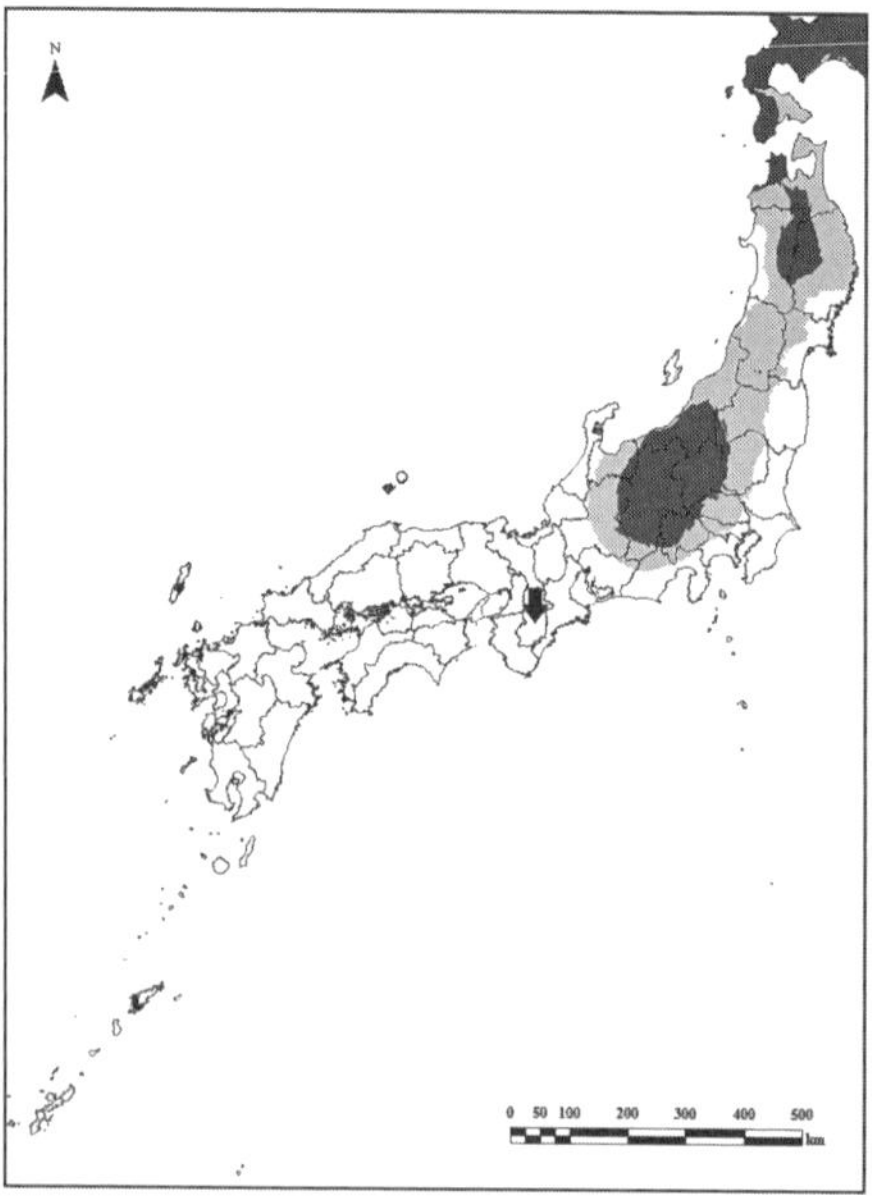

藤原宮出土馬集団の推定産地
（奈良文化財研究所学報第17冊『藤原宮跡出土馬の研究』）

この場合、馬好きであった太子が河内で育った……とするのが自然であろう。さらに河内の南河内郡太子町近辺には、かつて太子が犬（雪丸と呼んだらしい）を連れて河内から斑鳩に連なる道を散歩した……という伝承も残されている（筆者もその地を訪れ、達磨寺などの雪丸伝承と関連する場所にも足を運んだ）。

動物好きであった聖徳太子の幼少の頃を彷彿とさせるエピソードであろう。

先に、馬は五世紀頃には朝鮮北部から……と書かせていただいたので、これに関してもう少し付け加えさせていただく。朝鮮北部とは、当時、《高句麗》という国があった。聖徳太子の愛馬は黒《駒》であったが、この《駒》という字は、《馬》に高句麗の《句》でできている。これ以上の詳細は浅学の筆者には語れないが、当時、中国北東部はまさに、騎馬による軍事的な時代であることも考え合わせると興味深い。将棋の駒も……。

後の章で議論するが、昭和世代の筆者の感覚では、先祖の墓は故郷や生まれた地の近くにあった。その墓には常に花が添えられ、墓周りの清掃もしてくれる血縁者がいたのではなかろうか。生まれた地とは関係のない地に埋葬される（太子の頃には、基本的に土葬である）ことはあまりなかったろうと想像される。もちろん、なんらかの政治的な背景がある場合もあるかもしれないが、現在では知る由もない。ただ、死んでしまった者に対する敬意は当時といえども失われてはいなかっただろう（怨霊伝説などを見ても、死後に祟られるのは皆嫌がっただろうから）。

もう一つは、河内の太子町に《蘇我馬子の墓》と伝わる石塔があることである。河内の馬、太子との血縁の濃さ、百済文化との結び付きなど、蘇我氏の当時の状況を知る手掛かりになるかもしれない。これは飛鳥・石舞台古墳の被葬者が誰であったかにもヒントになりそうであるが、それは別の機会に論じることとし、本書ではこれ以上は触れない。但し、現在の石舞台古墳は元は盛り土されていたであろう石室が剥き出しになっている（墓暴きでもある）のは、あの規模の有力者と思われる埋葬者の古墳としては極めて異例であろうから、何か政治・権力争いに関係している可能性も大である。

以上、要約すると、

①奈良時代初期においても河内が馬の供給地・馬具の生産地であり、河内から大和に馬が供給されていた

②当時の大和における馬の産地は東国であった

③河内には百済からの馬の飼育（例えば《馬飼氏》の存在）や馬具制作にかかわる氏族（《鞍作氏》など）が渡来していた

甲斐の黒駒を気に入った太子は幼少の頃から動物と出会い、慈悲の心が育まれたのかもしれない……勝手な想像ではあるが。

以上、太子の生誕地について得られる情報を基に記したが、すでに述べた飛鳥・橘寺以外にはこれといった候補地もなく、（南）河内には太子ゆかりの地名・伝承などが非常に多く、古代の《馬》に関係する場所としても重要であったし、血縁者として太子と関係の深い蘇我馬子の墓があるともされる土地である。

河内で生まれ育った聖徳太子が斑鳩に宮を造営し、没後に河内に埋葬された……見事に筋が通ると筆者には思える。

余談だが、大和飛鳥には蘇我入《鹿》がいて、河内には蘇我《馬》子がいた。偶然かもしれないが、蘇我氏の名にいささか興味を持っていた筆者には、何やら符合する気がするが、読者の皆さんはどのように感じられるだろうか?

太子陵墓から離れて歩く道中で、栗の毬《いが》が畑に山積みされている光景に出会った。斑鳩の法隆寺西側から北に向かって散策していた時には、植栗というお宅があるのを見かけた。

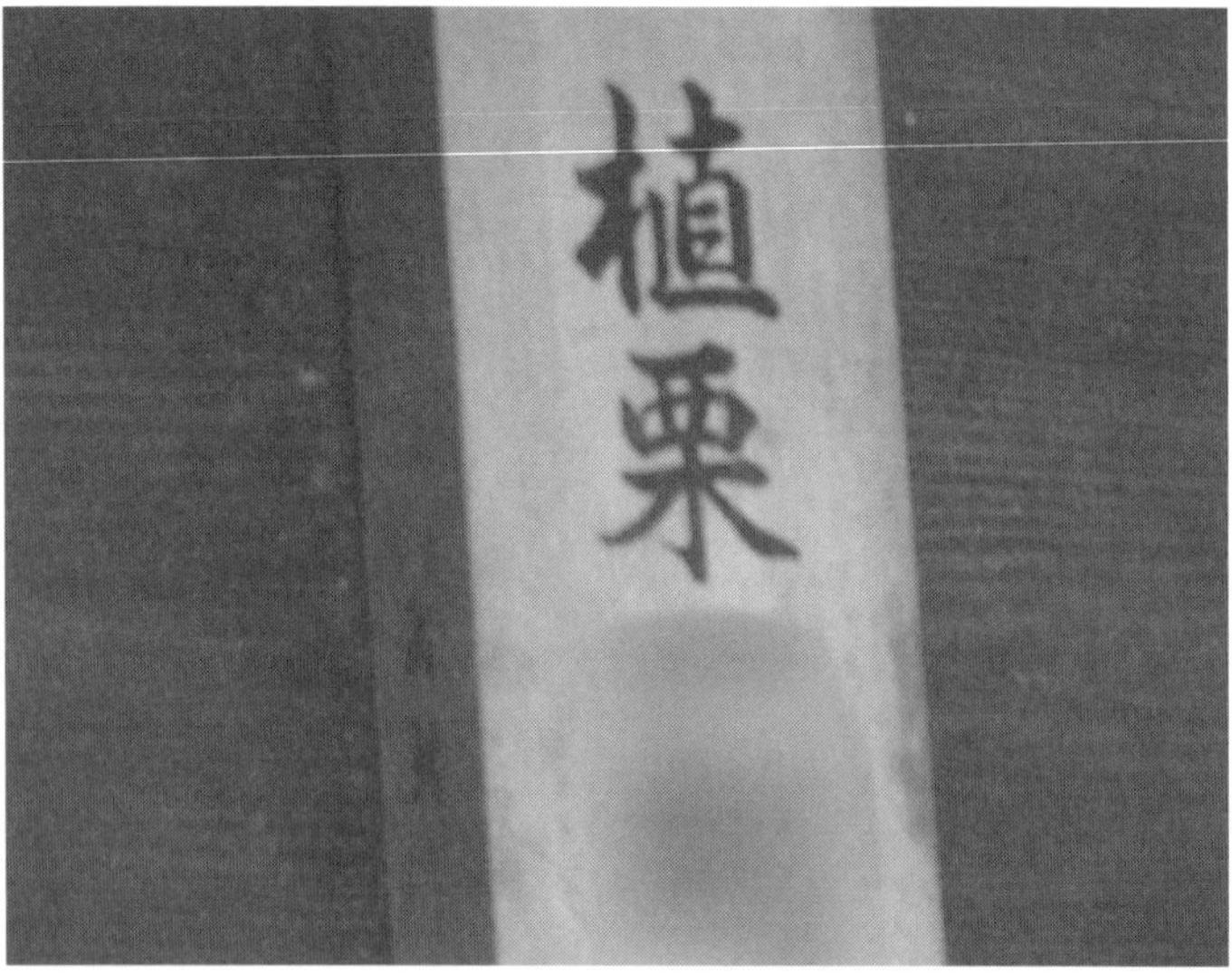

植栗さん表札

山背皇子古墳（岡之原）の栗

その際に、聖徳太子の次男に、殖栗皇子《えくりのみこ》がいたことを思い出した。その後、法輪寺経由で岡の原（山背大兄王の墓所とも伝わる高さ七〇メートル程度の丘）を少し上った際には、栗の毬が裂けて周囲に栗の実が散乱していた。一〇個ほどの丸々した実を拾って帰り食したが結構美味であった。保存食として、また滋養豊富である美味な栗の殖産を奨励した（？）と想像される聖徳太子の慧眼にも感服した。

以上、聖徳太子の生誕地に《河内》という新たな知見を得たと同時に、飛鳥初期の河内地方が重要な場所であったこと。蘇我氏が河内と大和に勢力を持っていたこと。河内には馬飼氏や鞍作氏など朝鮮半島から百済人などが渡来し、重要な文化・産業を伝達していたことも判明した（藤ノ木古墳の見事な馬具などがこれを証明していた）。

本章の最後に、聖徳太子に関する他の二つの事項について述べておく。

A　太子道（筋違い道）

七世紀中頃に、奈良盆地を東西・南北に真っ直ぐ通る大道が整備されたが、例外的に古い地割に則って斜めに通る道筋が整備された。法隆寺と飛鳥宮を直接真っ直ぐに結ぶ道で、太子が愛馬黒駒に乗って日々通われたと伝えられる。

B　聖徳太子はなぜ飛鳥ではなく斑鳩に宮を造営したか

まず、Aについては、この章で明らかにしたように、太子は飛鳥から法隆寺のある斑鳩に高い頻度で通う必要はない。また、太子道と呼ばれるこの道（次のページ）は随分立派な道で道幅が約三〇メートルもあったらしいが、本当に太子が愛馬で通うためだけにこれほどの規模の道が必要だったとは筆者には思えない。

日本書紀によれば、推古一八年（六一〇年）には、この道幅三〇メートルの大道「筋違道」を、額田部連比羅夫《ぬかたべのむらじひらぶ》と膳臣大伴《かしわでのおみおおとも》が先導した、新羅・任那の賓客を乗せた飾り馬の隊列が、現・安堵町阿土にあった館から、現・田原本町多《おお》、現・橿原市新口《にのくち》町を経て飛鳥の都まで行進したことが分かる。だから、目的は明らかに海外賓客の往来のためであり、この他にも、日本書紀に当時の推古天皇が斑鳩岡本宮で推古一四年（六〇六年）に聖徳太子の仏教経典の講話をさせて、播磨国の水田を太子に施された旨の記述がある。すなわち、推古天皇が飛鳥から斑鳩に通われたものであり、天皇が通る道でもあったからこそ立派な

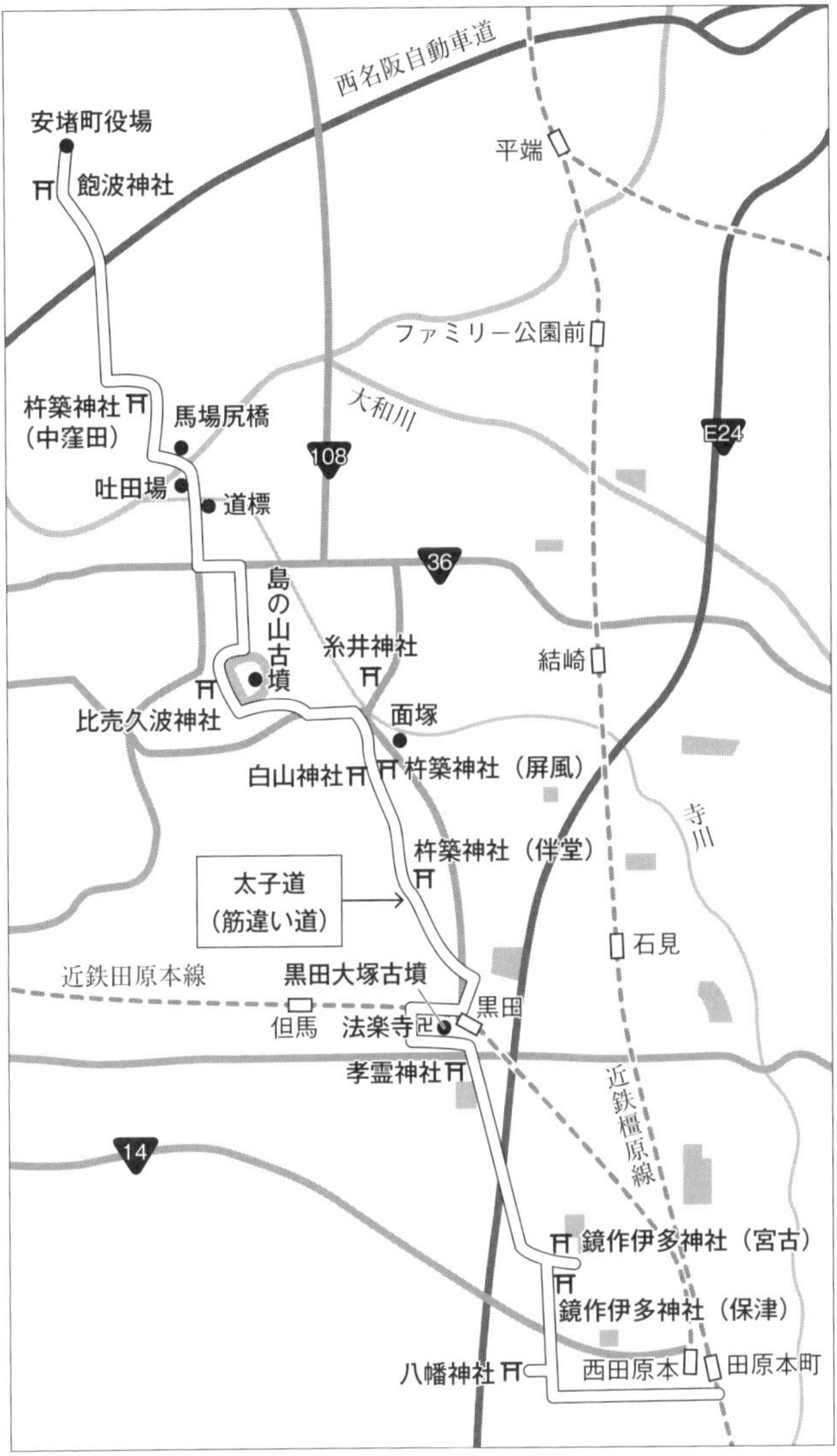
西名阪自動車道
安堵町役場
飽波神社
平端
ファミリー公園前
杵築神社
（中窪田）
馬場尻橋
大和川
108
E24
吐田場
道標
36
島の山古墳
糸井神社
結崎
比売久波神社
面塚
白山神社
杵築神社（屏風）
寺川
杵築神社（伴堂）
太子道
（筋違い道）
石見
近鉄田原本線
黒田大塚古墳
黒田
但馬
法楽寺
孝霊神社
近鉄橿原線
14
鏡作伊多神社（宮古）
鏡作伊多神社（保津）
八幡神社
西田原本
田原本町

太子道（筋違い道）

道であったのだろう。飛鳥から斑鳩に向けて進むと、鵤大寺の塔が聳えて見えた……そんな光景が見られたのかもしれない。

この筋違道は、約二〇度（おそらく、二三・五度）傾斜していることが報告されているが、すでに述べたように《風水》に基づく都市設計の一端であろう。

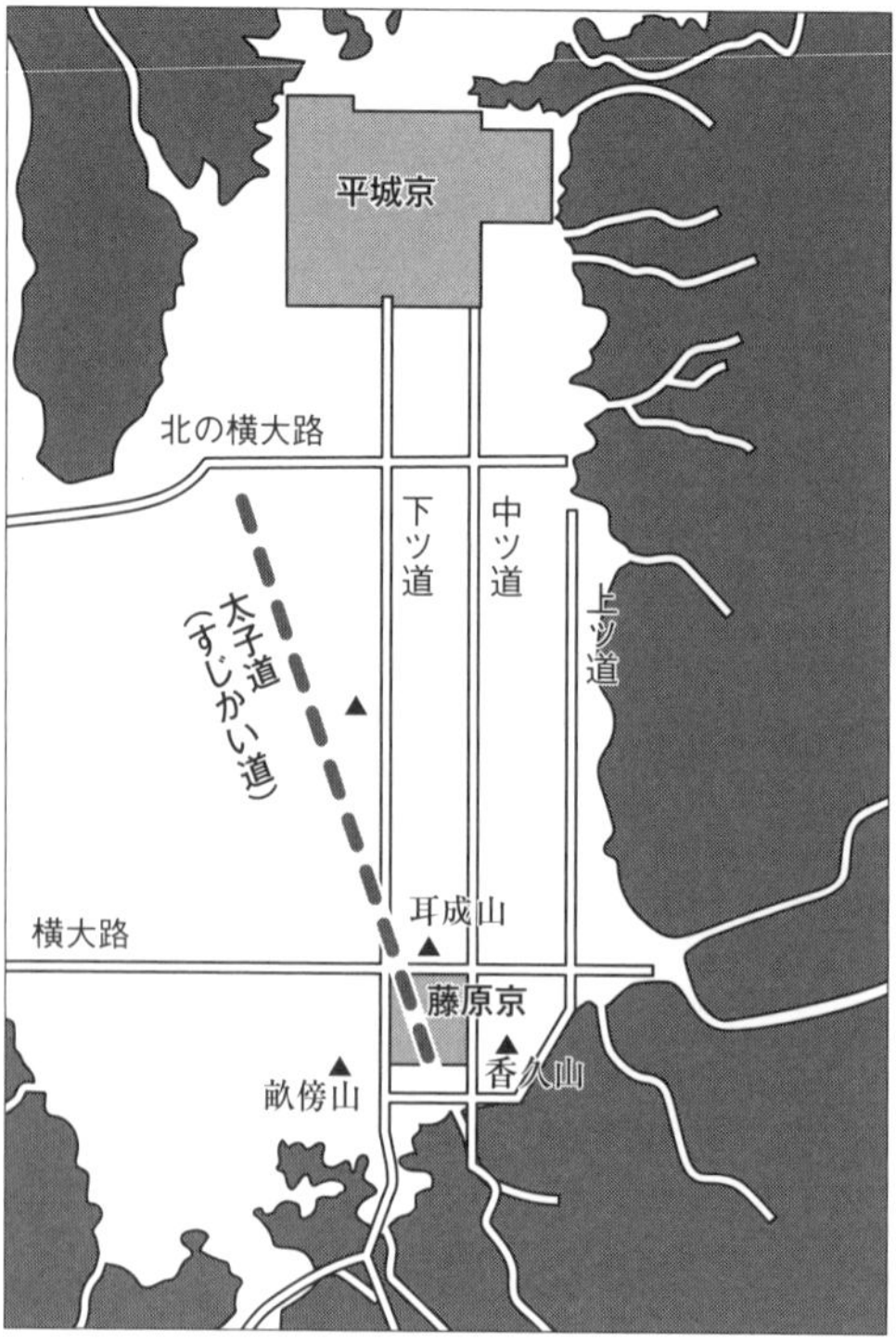

大和三山と太子道

Bはもはや明らかであろう。太子が飛鳥に宮を構える根拠は具体的には何も存在していないからである。太子と飛鳥の地の密な関係を前提とした議論は数々の誤った歴史解釈を生み出している可能性が大である。

以上本章では、これまで聖徳太子について疑問や謎とされてきたことについてお答えできたのではないだろうか。

もう一点、筆者が拙著『武蔵国分寺と渡来人』（文芸社）で指摘した、次のような点がある。

◎（かつて）《狛》と書かれた場所や地域が《柏》という字に置き換えられている事実である。柏や柏原などという地名も多くある。この可能性のある河内の柏原であるが、『岩波講座　日本通史　古代2』によると、同市にある《茶臼塚古墳》において高句麗式の積石塚と判断される古墳が判明している。豪華な出土品（三角縁神獣鏡、多数の碧玉製腕飾類など）もあり、規模も相当なものである。高句麗、即ち、狛の人達である可能性が非常に大きい。

10 王陵の谷・磯長谷古墳群の王達

磯長谷古墳群（大阪府南河内郡太子町）は次のページに示す通りである（『王陵の谷・磯長谷古墳群』太子町立竹内街道歴史資料館／一九八四年）。この古墳群は、古墳時代後期の古墳群のうち、敏達・用明・推古・考徳天皇の四天皇陵及び聖徳太子墓を含む約三〇基の古墳が集中している。

筆者はなぜこの地域に天皇陵墓が集中し、聖徳太子御陵もあるのか不思議に思っていた。前章で触れた古代の河内では渡来人達が活躍し、特に河内国では朝鮮半島からもたらされた馬の飼育が行われたことは述べた通りである。

河内（現大阪府）では馬の飼育を行う「牧」の存在や、百済郡もあり、多くの百済人が活躍していたと推定される。過去の地図には、《上牧《かんまき》》（奈良県北葛城郡上牧町）や《鞍作》（大阪市平野区）という地名も残されており、その南方に王陵の谷がある。

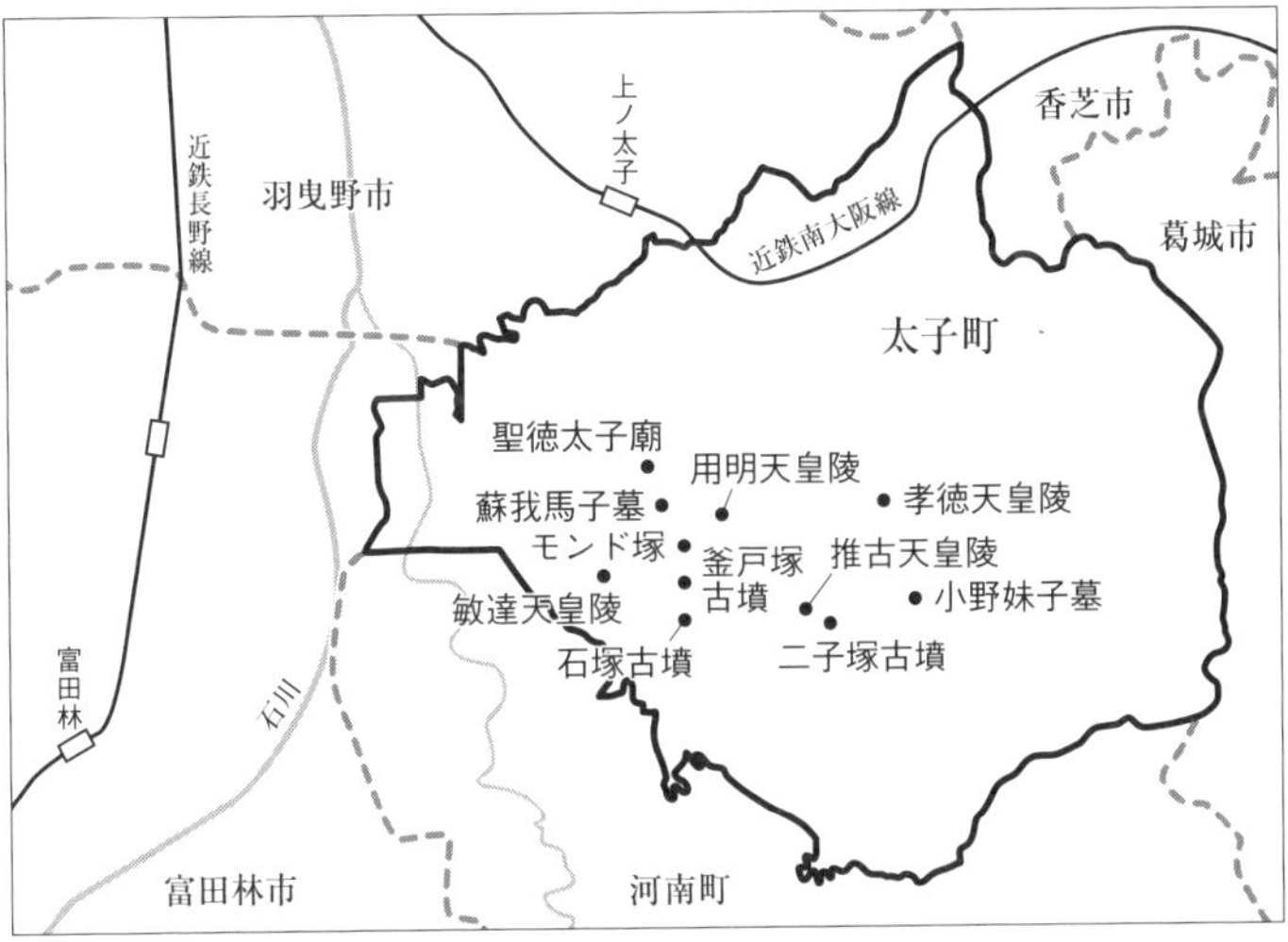

太子町の古墳分布図

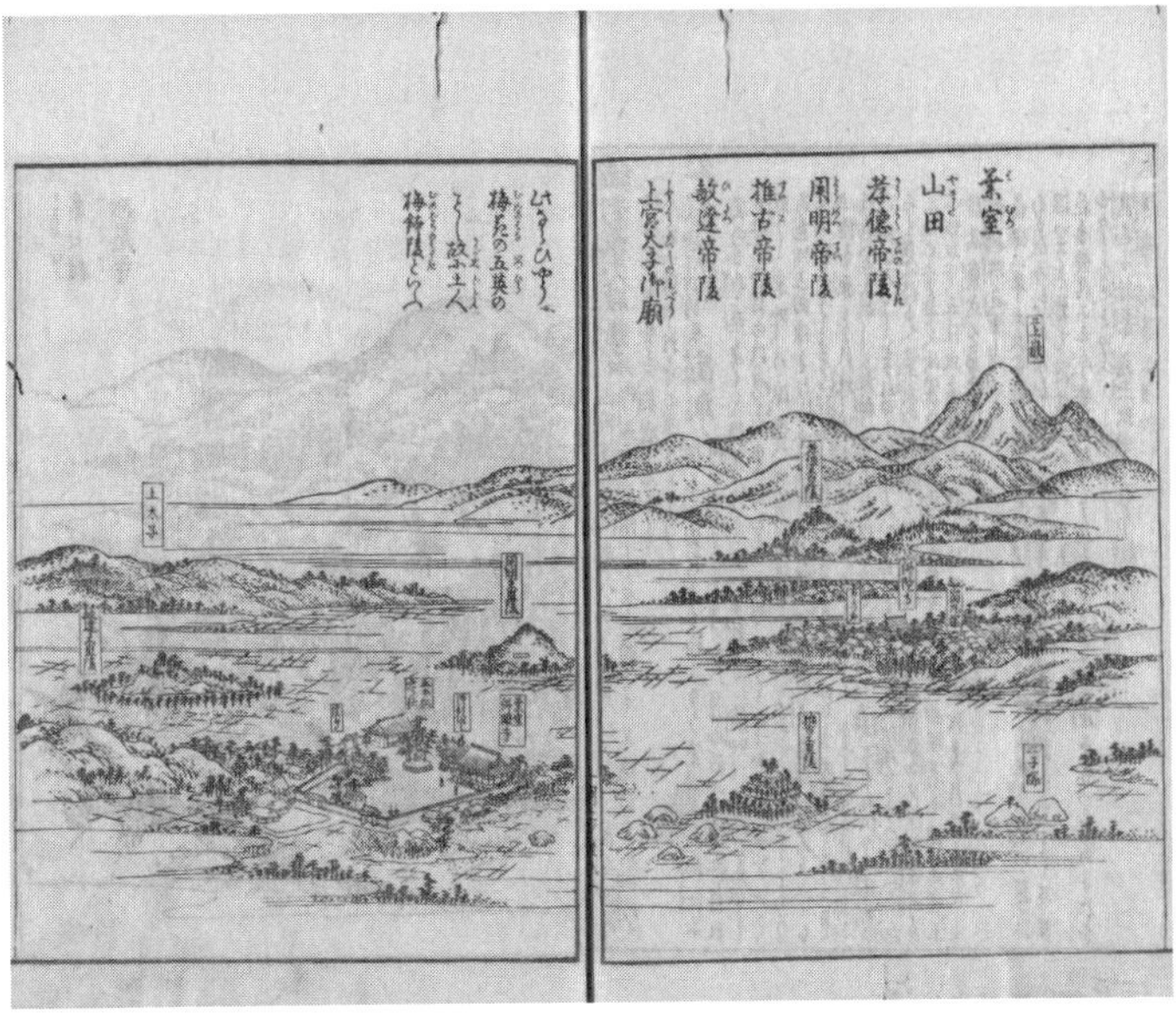

江戸時代の太子町
（『河内名所図会』国立国会図書館デジタルコレクション）

筆者は、（現代は別として）先祖を祀る墓は人が生まれた地の近くに埋葬するという観点から、前章で聖徳太子の生誕と埋葬の場所について述べた。故郷への埋葬は年配者が希望するという話をよく聞くし、こうした感情はごく普通だったと想像する。

この考えを延長してみると、「磯長谷古墳群に埋葬された天皇を含む偉人達と磯長の地とは縁が深い」ことが自然に想像される。であるとすると、一つの考え方としてこの地に埋葬されている天皇はこの河内の出身という考え方もできる。

聖徳太子についてはすでに指摘したように、河内に生まれて斑鳩に通い斑鳩宮などを造営した。後に、夫人とともに不慮の死を遂げ（法隆寺西北にある仏塚古墳に仮埋葬され、後に）磯長御陵に再埋葬されたと考えられる。すでに述べたように、六世紀に造営されたとされる仏塚古墳は斑鳩最大の石室を持つ古墳であり、飛鳥奈良時代に古墳が開けられた形跡が報告されている。さらに磯長の太子御陵にある太子の棺の材料は太子が没した当時にはなかったものであり、現在の棺は没後に（少なくとも数年経ってから）埋葬された、という流れで説明できる。

救世観音（聖徳太子とも言われている）のスリムな体躯表現は既に述べた「百済観音」とも共通している。これは聖徳太子と百済の密接な関係を暗示しているのではないだろうか。

11　聖徳太子絵伝に見る聖徳太子の生涯とリアリティ

聖徳太子の生涯を絵画化した《聖徳太子絵伝》は、一〇六九年（延久元年）に摂津の国絵師・秦致貞《はたのちてい》によって描かれた大画面説話画である。広大な山水を背景に寺院や寝殿などを配したうえ、太子の約六〇の事蹟をちりばめ構成している。これらは九一七年（延喜一七年）に藤原兼輔が撰した『聖徳太子伝暦』によって描かれ、絵とともに色紙形題銘が付けられている。「全面に補絹、補彩、補筆が施されており、制作当初のものはわずかに綾絹のみといわれるほどだが、図様は当初のまま忠実に再現している」とも言われている。

各地に聖徳太子の伝承とともに数多くの《聖徳太子絵伝》が存在している。

本章では、このうち、現在は国立東京博物館に所蔵されている「秦致貞」による絵伝についてのみ述べる。聖徳太子は秦氏の支援を得ていたとも言われている（秦河勝がよく知られる）。

《聖徳太子絵伝》は年に二回ほど公開されており、巨大な絵伝を間近に見ることができる。一〇画面から構成されている。

（右から第1面：縦185.5×横136.6cm、第2面：縦185.5×横136.6cm、第3面：縦186.2×横137.1cm、第4面：縦186.2×横137.15cm、第5面：縦185.6×横145.9cm、第6面：縦185.6×横145.8cm、第7面：縦185.7×横135.4cm、第8面：縦185.7×横135.6cm、第9面：縦185.2×横134.5cm、第10面：縦185.2×横134.9cm）

眼前に見る絵伝はなかなか迫力がある大きさでもある。

現在、法隆寺東院夢殿の北側には絵殿がある。この絵殿は鎌倉時代に建てられたもので、その内部にも聖徳太子絵伝があり、筆者も太子没後一四〇〇年に当たって公開されているのを観ることができた。

先の絵伝に戻るが、制作者秦致貞は、生没年は不明だが、現在の大阪府西部と兵庫県東部一帯にあった摂津国の大波郷に在住していたという記録が残っている。致貞は《聖徳太子絵伝》の制作年と同年、法隆寺に現存する国宝《聖徳太子童形像》の彩色も行っており、明治四一、四二年の修理時にこの胎内から墨書銘《ぼくしょめい》が発見された。致貞の制作活動は現在のところこの法隆寺以外では見当たらない。

この絵伝については興味ある分析評価がある。

太田昌子氏による『法隆寺の聖徳太子絵伝を読み解く』（第六部会　宗教図像テクストの世界）では、平安（壁画）及び鎌倉時代（掛幅）の二つの絵伝を分析評価している。主に、描かれた場所をキーワードとして読み解いた、とある。

氏の言葉を借りれば、

「法隆寺を世界の中心に据えたかのような、一大パノラマ図が『描き起こし景観図』によって六十近い事績の背後から姿を現してきた。その斑鳩を中心にした地理的整合性と特徴的な景観要素による統一的構成力は驚異的であり……」

と、絵伝によって表現された事績の場所を地理的に見事に再現していると評価している。飛鳥の上空から生駒、金剛両山系を越えて、摂津、河内、難波へと眺めやった描写がGoogle　Earthの鳥瞰図と合わせると、今から千年ほど前にできた、この絵図の地理的整合性に驚かれている。太子葬送列も磯長に向かっていることが納得される、とされている（次ページに葬送行列の図）。

聖徳太子の葬送列（『聖徳太子絵伝』東京国立博物館所蔵）
出典：ColBase（https://colbase.nich.go.jp/）

この絵伝は、平安時代のものも『聖徳太子伝暦』に基づいて描かれているとされるが、四〇〇年以上後に秦致貞が広範な地形を再現して、先に述べた地理的に整合した表現が居ながらにできた、とは考えにくいと筆者は思う。少なくとも太子没後にそれほど時間を置かずに描かれた原画があり、これを模写などによって再現したものであろうと想定している。

このような三次元的表現では葛飾北斎の富士山を思い出す。これも鳥瞰図となっており、直接北斎が見ることのできた光景ではなかったのであり、思考の過程で三次元図が構成されたものであろう。

一部の研究者による絵伝の解釈には誤解もあるように思える。

福山敏男氏は、斑鳩町の中宮跡の発掘結果において、《中宮寺の塔礎石》との見方を聖徳太子絵伝を参考にして示している。

この中宮寺とされている絵伝中の寺院は、すでに述べているように、筆者は《幸隆寺》としており、福山氏指摘の《塔礎石》は中宮の井戸跡と判断している。理由は単純で、この礎石には心柱に対応する円柱状の穴もなく、このような塔礎石はほぼないこと、さらに《礎石》とされるものが、地下二メートルより深いところにあることなどである。通常、

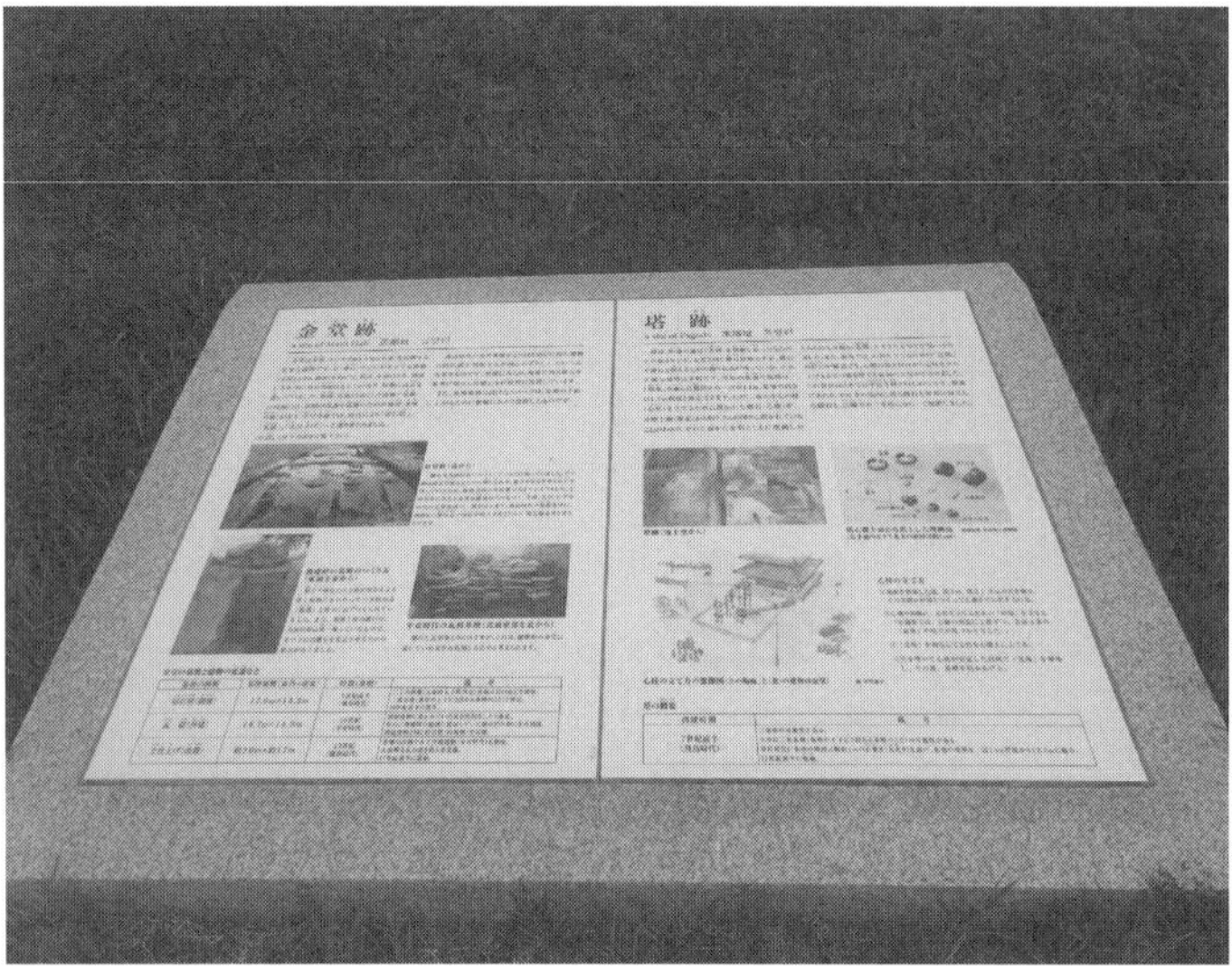

史跡 中宮寺跡にある「塔跡」の説明

史跡 中宮寺跡の「塔跡」

心礎には仏舎利と容器などが収納されるものである。このような石は古代の井戸に普通に見られる例でもある。また、この井戸の底石であることを示しているのは、発掘された底石の周りの発掘物である。主に、身に着けたと思われる装飾品が多く、これは「井戸の祭祀」などが参考になる。

絵伝は貴重な視覚情報であり、丁寧に読み解けば当時の様子を知るうえで役立つものであるが、これを見誤ると大きな誤解を与える可能性もあることを付記しておく。

12 おわりに

法隆寺の飛鳥仏に興味を持ち始めてから、昨年秋から現地に赴くうちに法隆寺（当然の如く薬師如来坐像と釈迦三尊像の由来に関係する）と聖徳太子について、その歴史的な評価の多岐に亘ることや取り扱った書籍の多さにいささか驚いた。しかし、聖徳太子については、多くの史書が存在するにもかかわらず、未知の部分や諸説が交錯していた。

そこで筆者は、飛鳥時代初期の全体像も考慮しながら、法隆寺金堂に祀られた薬師如来坐像と釈迦三尊像の光背に記された造像記銘文を読み解きながら、当時起こったであろう史実の解明に挑んだ。

幸い筆者には先入観も自説も持ち合わせていないので、純粋に記された内容を素直に解読した。その結果はすでにご説明したように、従来の解釈が八〇年以上も前に提唱されたものから少しも変化なく継承されていたことだった。その中で主張されていた複数の前提条件が、現在では容易に否定できる内容であることにいささか驚いた。その前提をなくして考えると、日本最古の造像年号が刻まれた金石文（造像記）であること、また、その内容の解釈が大きく誤っていることも判明した。主要な点では、

◎用明天皇のために発願されていたものではなく、敏達天皇のためである

ことが分かったのである。

実は用明天皇のためとする背景はほとんどなく、当時の政治情勢などを勘案すれば、蘇我氏と物部氏の争いの板挟みになり苦労の絶えなかった敏達天皇を皇后が労わるためであったことが容易に理解される。

また、これまで聖徳太子の呼び名について幾多の説や提唱があったが、幼少期は、これも造像記に記された《馬太子》であったことも判明した。

以上は、どうやら過ちに過ちが積み重ねられて根拠のない説があたかも史実や真実のように語られ、それを解説する歴史家や研究者が存在し、長期に亘って広く誤解を与えてきたということである。

また、飛鳥初期の斑鳩の都市設計を風水学に基づくものと理解することにより、斑鳩宮

を含む地勢的な傾斜角度も夏至方向という、当時の高度な天文学と測量技術の存在を新たに見出すことができた。

聖徳太子の生誕地については、これまで有力な場所の提唱はなかったが、聖徳太子・馬というキーワードから新たに河内（現在の南河内郡）と判明し、併せて当時の河内が東国からの馬飼育とその供給地として大和と繋がっていたことも判明した。それを考えると、磯長谷古墳群の一角に埋葬されていることも、自然な、人間的な感情に沿ったものとして理解できた。聖徳太子は、死後一時的には法隆寺近くの仏塚古墳に夫人とともに仮埋葬されたものと推定した。

磯長の太子御陵の棺が死後に新しくなっていることや、仏塚古墳からは後に多くの仏具などが見つかっているが、これは筆者は鎌倉時代に盛んになった太子信仰の現れではないかと考えている。

また、当時を描いている可能性が高い《聖徳太子絵伝》も貴重な情報源である。その地勢学的な分析も行われ、驚くほど正確に三次元的な表現がされていることが分析評価の結果明らかにされている。細かに見れば、

☆太子の葬送が描かれているのが磯長の地形と一致

☆鳥居文書（『法隆寺伽藍諸堂巡拝記』）で記載された幸隆寺の存在と三重塔があった

等が判明した。後者については、筆者らの調査により地図に記されていることが発見され、当時の所在地が明らかになり、「大和名所図会」に描かれた東福寺（現在は地名としてだけ存在）と合わせてシンメトリックで正三角形に近く配置された三寺（法輪寺・法起寺・幸隆寺……すべて三重塔があった）も明らかにした。

以上、これまで歴史的に明確になっていなかった事項について本書で明らかにすることができた。

また飛鳥時代初期の政権と天皇制、とりわけ女帝や皇太后が際立つ時代であったこと、むしろ男性天皇は飛鳥に入ることはなく、ほぼ象徴的な存在だったようである。また、当時は天皇暗殺や聖徳太子を含め不審死も多かった。

斑鳩宮を造営し、鵤大寺も建立して祀られた仏像達も数奇な運命を辿ることになった。

これは蘇我氏が斑鳩宮を急襲し炎上・焼失した時に、当時の伽藍の建物から避難・搬出されたことによる。一部傷付いたものは、部分的に修理・取り替えを行ったと想定される。これらの仏像などは近くの法輪寺に保管され、（現）法隆寺の造営が行われた時に移され現在のような状況になったと想定される。これまで法隆寺を巡っての再建・非再建論が展開された際にも、仏像達の取り扱いに関する検討や推測についての言及はほとんどなかったと思われる。

この斑鳩宮の襲撃に伴う上宮家の滅亡、鵤大寺の炎上・僧達の運命も含め、それ以前の聖徳太子一家の不審死などから太子の怨霊伝説をはじめ、救世観音、百済観音の存在もあった。百済観音については、法隆寺が所有する造像記と思われる銘板についても明らかにし、造像の経緯が明らかになった。

これらは当時の渡来系の人達によってもたらされた文化・技術によって、日本固有の文化や技術へと変遷していく端緒でもあった。

最後に、これまで歴史を解明するうえで基本となってきたのは、やはり、正史と言われる日本書紀であるが、これも勝者である藤原氏の手になる文書であることには十分注意する必要があろう。

☆「国記」「天皇記」が蘇我氏により燃やされた
☆法隆寺は一宇余さず燃えた
という記述自体が、聖徳太子存命の頃までの歴史的証拠はすべて燃え尽きた……と言わんばかりである。


そして、鵤大寺と現法隆寺についての筆者の想像について述べたい。

鵤大寺に祀られていた薬師如来像と釈迦三尊像は、現在の法隆寺金堂の広さや天井の高さに比べて小さな像である。鵤大寺に祀られていた頃は、堂に合わせて造られていたと考えられる（当時の飛鳥寺にも丈六の像が制作されていたので、当時小さな像のみが造られたわけではない）。

一方、本書で造像記が明確になった百済観音は高さが二メートルもある。この高さからして、百済観音については塔に祀られていた可能性もある。

初稿のまさに最後の時点で気付いた書籍『女帝の古代王権史』（義江明子著）を早速取り寄せて読ませて頂いた。氏の詳細な分析は浅学の筆者には追うことはできなかったが、あくまで筆者は《薬師如来像造像記》が出発点となって問題意識を持つこととなり、主に最近の調査・発掘データを含めた分析を行った結果を書かせて頂いた。ベクトルの向きは氏と変わらないと理解したが、筆者はこれらが、政権運営を担った蘇我氏が卑弥呼の時代から培ったもので、これが藤原氏に引き継がれ、ほぼ近代に至るまでの手法として機能し続けた……と分析・評価した。

多くは書ききれなかったが、現時点までに提唱され、定説化した感のあるいくつかの事項について新たな視点を提供したが、今後さらに当時の状況が解明されていくことを期待して筆を置くことにする。

最後に本書を完成させるにあたり、ご教示いただいた多くの方々に厚く感謝致します。
また、写真・資料の提供を頂いた寺院・研究所・新聞社にも厚く御礼申し上げます。

付録　風水について

風水は狭義の地理学と地理に則っている。そのため風水は大別すると、地形読破の術である「巒頭《らんとう》」と、時間によって変化する天地間の気を判断する「理気《りき》」とに分かれる。風水の起源は殷・周時代（紀元前一〇世紀以前）の「卜宅《ぼくたく》」にあるとされる。これは宅地や村落の吉凶を占うもので、後の「陽宅風水」の基礎となった。一方、晋（紀元後三世紀）の時代には郭璞《かくはく》の撰による『葬書』が成立し、「風水」の語が誕生するとともに、後の「陰宅《いんたく》風水」の基礎となった（目崎茂和は『葬書』を晋代の成立としている）。「風水」の思想は唐代（七世紀頃）に非常に盛んになり、陰陽説や五行説が取り入れられ、唐代末（九世紀）には形成学派（巒頭）が誕生する。

これらを理論的に説明することは難しいが、古来、南の方角はエネルギーに満ちたものであり、北の方向は気を流す（悪気を逃がす）というもの。我々がよく知るのは、死人は北枕、家は南向きが良いとするなどである。

　夏至はその中でも最もエネルギーが強いもので、北半球では昼の時間が一番長く、夜の時間が一番短い日が夏至。風水で見ると、太陽は陽の気の象徴である。冬至を過ぎると陰の気に代わって陽の気が徐々に勢いを増し、夏至に最大に達する。一年の中で最も強い陽の気を放出させるのが夏至となる。

　以上のような背景から、斑鳩宮も「君子南面」が表されたものだろう。各方位の特徴を上に示す。

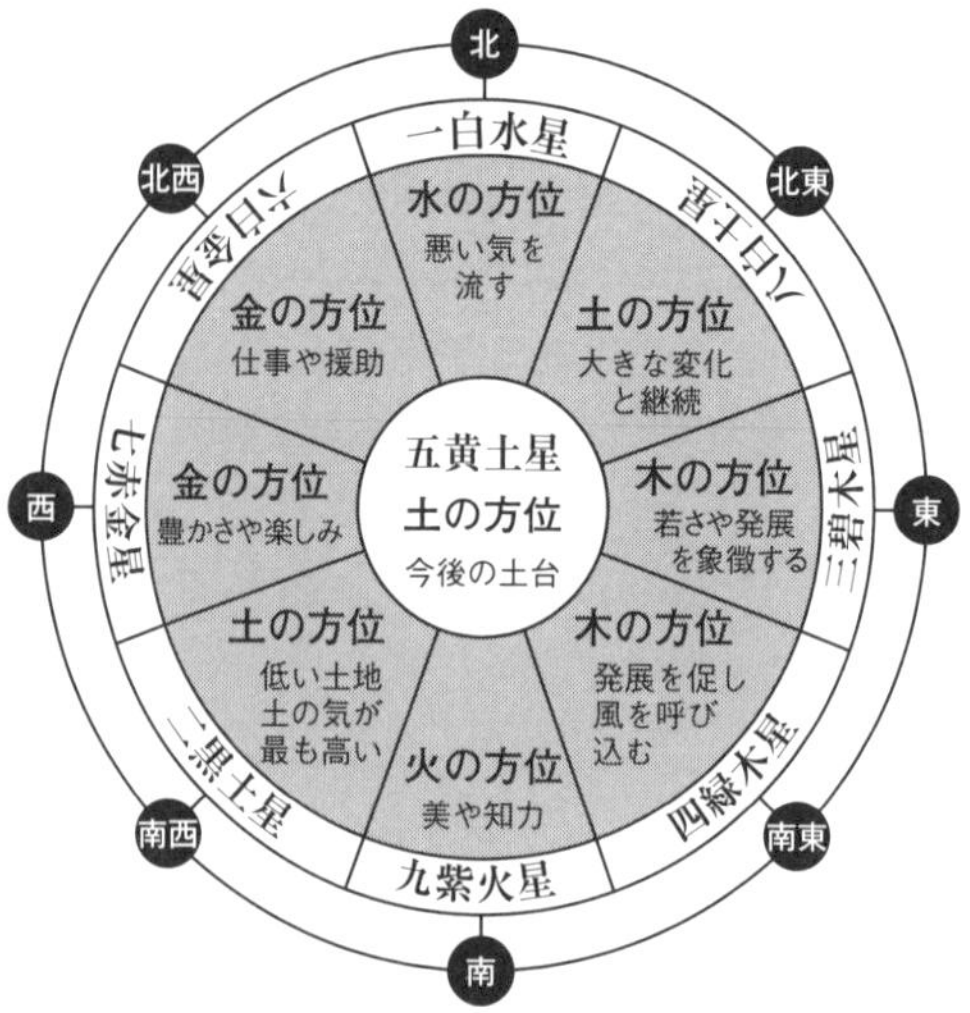

各方位の特徴図

付録　蘇我氏の名前について

蘇我氏の飛鳥時代頃に活躍した人物は、

- 蘇我稲目
- 蘇我蝦夷
- 蘇我馬子
- 蘇我入鹿

などとなっている。

筆者はこれらの名前がいつから登場したかについての知識はない。はっきりしていることは、日本書紀にこれらの名前が登場していることは確かである。おそらく日本書紀が初出ではなかろうか？

もし以上が事実とすれば、藤原氏の命名である可能性がある。ここで、《蝦夷《えみし》》とは

《えぞ》であり、現代の我々からすると、かつて関東以北を蝦夷と言ったわけで、なんらかの繋がりがあったのだろうか。しかしそれ以上は想像できない。

もう一つは本文中にも書いたが、《馬》と《鹿》である。河内と大和との関係か？　とも説明したが、実は、「馬鹿」には古代、現在とは違った意味であったらしい。「馬鹿者」との語が使用された初出は『太平記』とのことで、室町時代の国語辞典『文明本節用集』によれば、「馬鹿者」とは「狼藉をはたらく者」の意で、現在の「愚か」の意味を含む言葉ではなかったようである。

確かに、馬子と入鹿は、天皇の暗殺や聖徳太子一家上宮家を滅亡させるなど日本書紀にもはっきりとその名が残っている。以上の意味で藤原氏が命名したとも考えられる。しかし一〇〇〇年以上経て、その意味するところが大きく変化するとは藤原不比等も想定外？否、もし画策であったとすれば、藤原不比等恐るべし……である。

以上は、筆者が連想したことであり、真偽は定かでないことをお断りしておく。

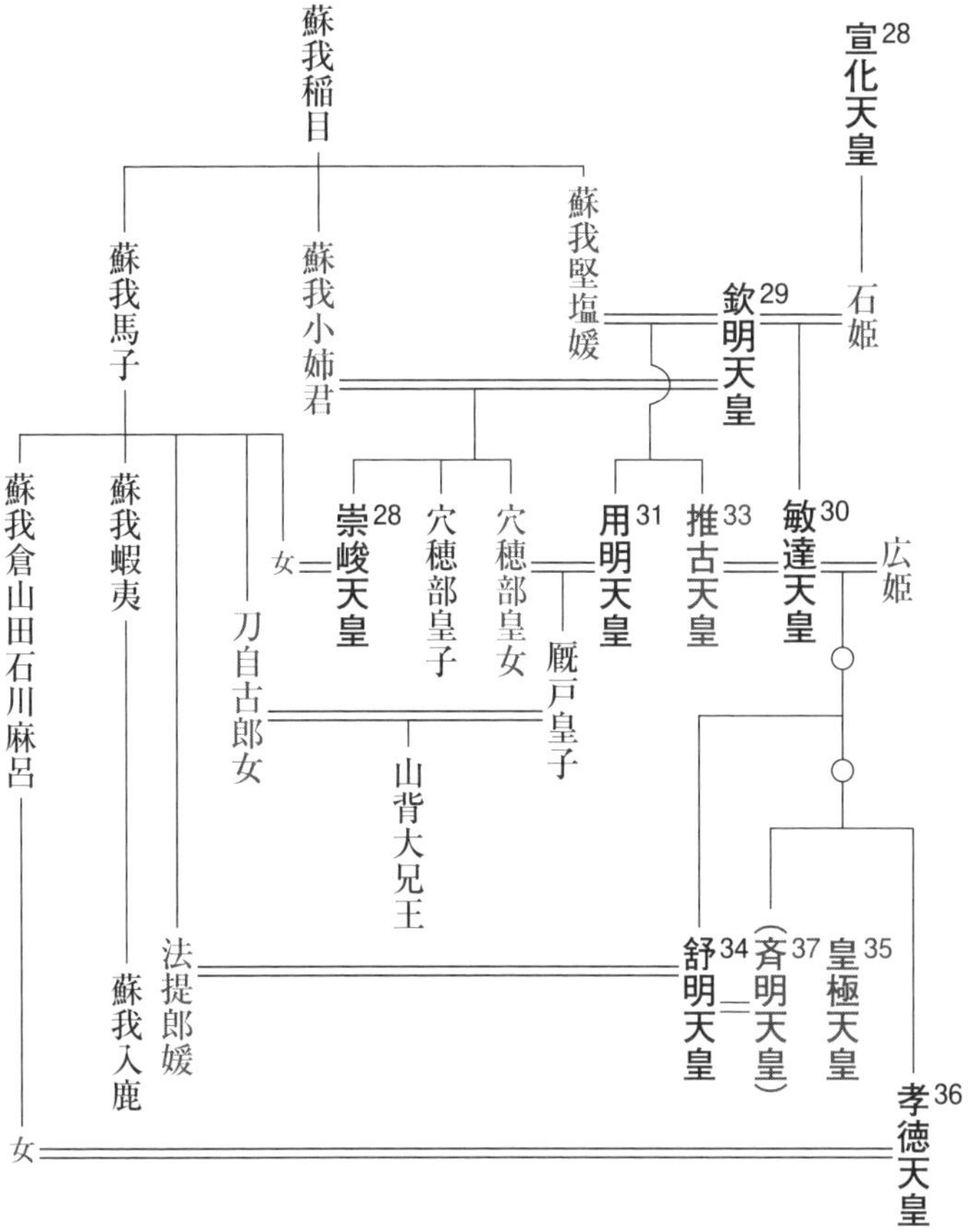

蘇我稲目
28 宣化天皇
蘇我堅塩媛
蘇我小姉君
蘇我馬子
29 欽明天皇
石姫
蘇我倉山田石川麻呂
蘇我蝦夷
女
28 崇峻天皇
穴穂部皇子
穴穂部皇女
31 用明天皇
33 推古天皇
30 敏達天皇
広姫
刀自古郎女
厩戸皇子
山背大兄王
法提郎媛
蘇我入鹿
34 舒明天皇
37 （斉明天皇）
35 皇極天皇
36 孝徳天皇
女

蘇我氏系図

付録　鵤大寺の塔について

本文ではこの塔について、五重塔と記述した。ここでその根拠について述べておく。すでにご紹介した通り、日本書紀でも鵤大寺に向かってあった《筋違道（太子道）》を渡来の賓客一行が歩んでいたとされている。飛鳥から斑鳩に向かう正面に聳える寺院とすれば、当時それなりの塔が見えるように造られていたはずであろうし、鵤《大》寺と呼んでいた（百済観音の造像記と思われる中にあった通りである）くらいであり、少なくとも五重塔ではあっただろう（《五》という意味自体は、薬師寺の東塔に見るように造りは五重に見えても三重塔の場合もあるので、ここではあくまで高さを意味するということが主体の表現である）。同時代の四天王寺や飛鳥寺（法興寺）なども五重塔であることから、天皇が関係して建立した寺院でもあるので、少なくとも同等の高さではあっただろう。

もう一つの観点からも説明をしておく。それは、塔跡の礎石のうち、心礎（塔の主柱が置かれた）の寸法である。

若草伽藍（かつての鵤大寺）から見つかっている心礎の断面形状を次のページの上に示す。この寸法は尺貫法で書かれているので、メートル法に換算すると、約七七センチである。また、次のページの下に示す法隆寺心柱の寸法も、七八センチ程度であり、おおよそ同じと考えて差し支えない。そうすれば斑鳩三塔の三重塔と鵤大寺のさらに高い塔が聳えていたのであろう。

一方、同時代に建立された斑鳩法輪寺の（遺された）礎石（一四七ページ）を見ると、以上二つの寺院に比べると随分小振りである。

従って、鵤大寺は少なくとも法隆寺クラスの五重塔レベルのものであっただろう。ちなみに、武蔵国分寺の塔も七八センチ程度であるが、こちらは七重塔だったので断定はできないことを付記する。

最後に、塔の礎石移動風景（一四八ページ）も示しておく。

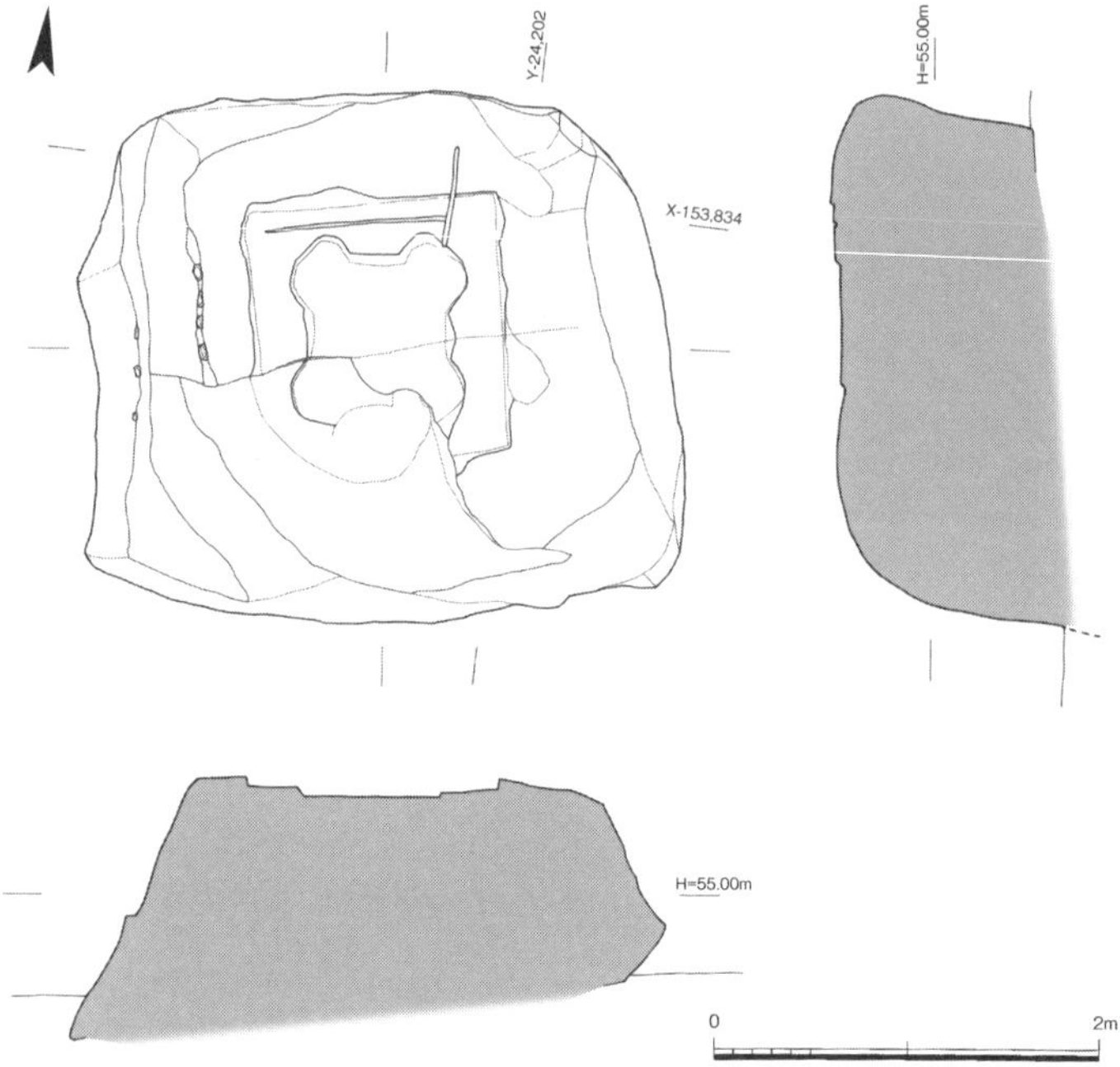

Fig. 70　塔心礎（1：40）

塔心礎（1：40）
（奈良文化財研究所学報第76冊『法隆寺若草伽藍跡発掘調査報告』）

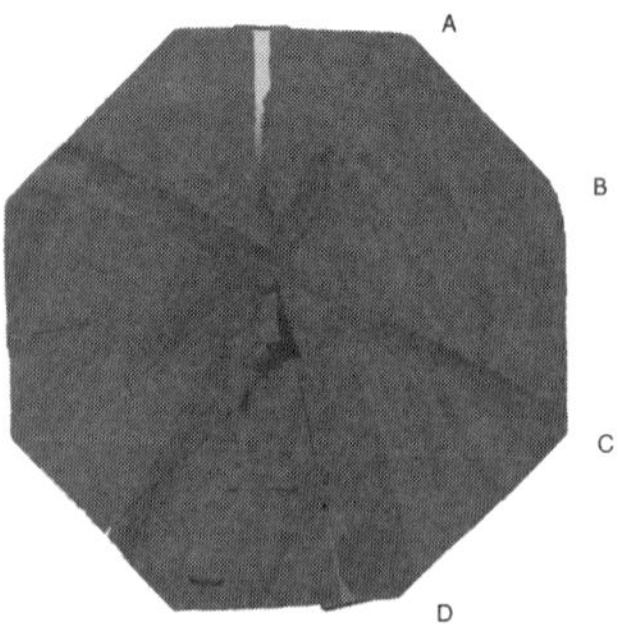

Fig. 184　心柱の標本

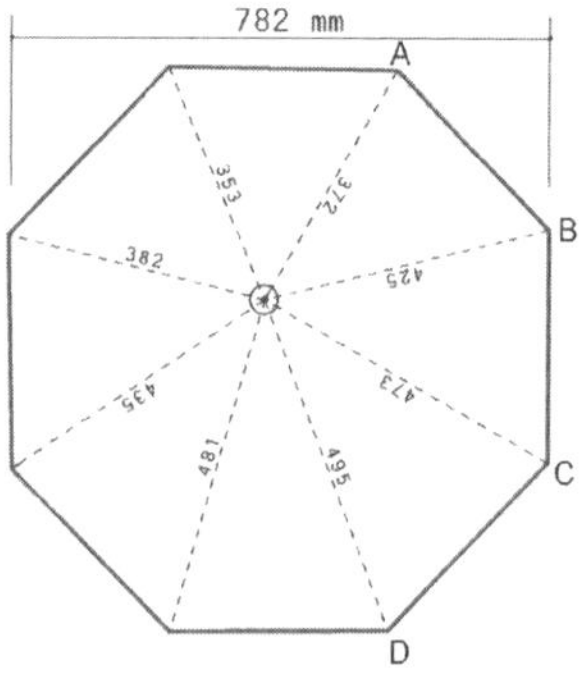

Fig. 185　心柱の形状

心柱の標本／心柱の形状
（奈良文化財研究所学報第76冊『法隆寺若草伽藍跡発掘調査報告』）

法輪寺心柱（三重塔）

法輪寺三重塔（明治５年撮影・東京国立博物館所蔵）
出典：ColBase（https://colbase.nich.go.jp/）

「1939年　奈良の寺院　法隆寺の礎石かえる」（昭和14年10月撮影）
提供 朝日新聞

現在の若草伽藍礎石

参考文献

『飛鳥・白鳳の在銘金銅仏』奈良国立文化財研究所飛鳥資料館編　一九七六年
『法隆寺　世界最古の木造建築』西岡常一、宮上茂隆　草思社　一九八〇年
『女帝の古代王権史』義江明子　ちくま新書　二〇二一年
『奈良の寺　世界遺産を歩く』奈良文化財研究所編　岩波新書　二〇〇三年
『上宮聖徳太子伝補闕記の研究』新川登亀男　吉川弘文館　二〇一七年
「リーフレット京都」No.68　公益財団法人京都市埋蔵文化財研究所　一九九四年
『日本の古代遺跡4　奈良北部』前園実知雄、中井一夫　保育社　一九八二年
「法隆寺の金石文に關する二三の問題」(『夢殿』13号) 福山敏男　鵤故郷舎　一九三五年
『平成の出開帳　法隆寺秘宝展』小学館　一九九〇年
『法隆寺考古展』橿原考古学研究所附属博物館　一九八五年
『法隆寺の秘話』高田良信　小学館　一九八五年
『カラー大和路の魅力　斑鳩』原田伴彦著　淡交社　一九七二年
『皇子たちの悲劇　皇位継承の日本古代史』倉本一宏　角川選書　二〇二〇年

『聖徳太子と斑鳩三寺』千田稔　吉川弘文館　二〇一六年
『馬の考古学』右島和夫監修　雄山閣　二〇一九年
『岩波講座　日本通史　第３巻　古代２』岩波書店　一九九四年
『王陵の谷・磯長谷古墳群　太子町の古墳墓』上野勝巳　太子町教育委員会　一九九四年
「法隆寺の聖徳太子絵伝を読み解く」（「テクスト布置の解釈学的研究と教育」第４回国際研究集会報告書）太田昌子　名古屋大学大学院文学研究科　二〇〇八年
「法隆寺若草伽藍跡発掘調査報告」奈良文化財研究所学報 第76冊　独立行政法人文化財研究所奈良文化財研究所　二〇〇七年
「藤原宮跡出土馬の研究」奈良文化財研究所研究報告 第17冊　国立文化財機構奈良文化財研究所　二〇一六年

著者プロフィール

津田 慎一（つだ しんいち）

1949年、徳島県生まれ
東京大学大学院博士課程修了　工学博士（航空宇宙工学専攻）
メーカーにて宇宙開発に従事後、東海大学工学部教授
奈良県在住
観光ガイドとしても活動
関東戦国時代に関する著作、古社・古刹に関する著作を調布市及び横浜市市立図書館にて公開中
既刊書に『武蔵戦国記　後北条と扇谷上杉の戦い　なぜ「ジンダイジ城」は捨てられたのか』（2019年）『白鳳仏ミステリー　武蔵国分寺と渡来人 「ジンダイジ城」とは何だったのか？』（2020年　ともに文芸社刊）がある

薬師如来像が語る飛鳥女帝王朝 聖徳太子と斑鳩宮の悲劇

2021年12月15日　初版第1刷発行

著　者　津田 慎一
発行者　瓜谷 綱延
発行所　株式会社文芸社
〒160-0022　東京都新宿区新宿1－10－1
電話　03-5369-3060（代表）
03-5369-2299（販売）

印刷所　株式会社フクイン

ISBN978-4-286-23125-9